글 | 래리 헤이스

어린이 책의 작가이면서, 투자 기금을 운영하고 있고, 노숙자 자선 단체의 이사이기도 합니다. 두 자녀의 아빠인 헤이스는 아이들을 금요일마다 홈스쿨링을 시키며 아이들 스스로 무엇을 공부할지 결정하게 합니다. 장차 보물 사냥꾼이 되고 싶은 작가는 사람을 행복하게 하는 요구르트를 만들고, 인간 두뇌에 숨어 있는 수학을 풀고 싶어 합니다. 〈부모님이 화성으로 가 버렸을 때 살아남는 법〉 〈부모님이 과거로 잡혀 갔을 때 살아남는 법〉을 썼습니다.

글 | 레이철 프로베스트

싱가포르에 본사를 둔 사모 펀드의 이사이며, 20년 넘게 금융계에 종사하고 있습니다.

그림 | 크리스 매든

영국 북부에서 태어나 만화가이자 일러스트레이터로, 또 사진 작가 및 도예가, 글 쓰는 작가로 30년 이상 활동하고 있습니다. 그는 환경 문제, 철학, 과학은 물론 예술에 대한 깊은 관심을 갖고 다양한 작업을 하였습니다. 작가의 작품은 자신의 홈페이지(www.chrismadden.co.uk)를 통해 살펴볼 수 있습니다.

Max Your Money

ⓒ 2021 Welbeck Children's Limited
First published in the UK in 2022 by Welbeck Editions,
an imprint of Welbeck Children's Limited, part of Welbeck Publishing Group
20 Mortimer Street, London W1T 3JW
All rights reserved.

Korean language edition ⓒ 2024 by Balgeunmirae Publishing Co.
Korean translation rights arranged with Welbeck Publishing Group Limited through EntersKorea Co., Ltd., Seoul, Korea.

이 책의 한국어판 저작권은 (주)엔터스코리아를 통해 저작권사와의 독점 계약으로 밝은미래가 소유합니다.
저작권법에 의하여 한국 내에서 보호를 받는 저작물이므로 무단전재와 무단복제를 금합니다.

10대를 위한 부자가 되는 슬기로운 방법

글 래리 헤이스, 레이철 프로베스트 | 그림 크리스 매든 | 옮김 김현정

밝은미래

차례

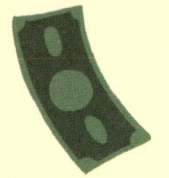

여는 글 6
　돈이란 무엇일까요? 8
　왜 돈을 사용할까요? 10

슬기로운 돈 벌기 12
　일을 해서 돈을 벌어요 14
　왜 어떤 사람들은 다른 사람들보다 더 많은 돈을 벌까요? 16
　직업에 따른 엄청난 급여 차이는 공정한 걸까요? 18
　수입을 최대한 키워요 20
　내 성격에 맞는 직업은 무엇일까요? 22
　직무 기술을 활용해요 24
　일자리를 찾아요 26
　수입을 늘려요 28
　어린 갑부가 된 아이들 30
　일자리를 찾았다면 어떻게 해야 할까요? 34
　경력을 어떻게 관리해야 할까요? 36
　미래에는 어떻게 돈을 벌 수 있을까요? 38
　미래의 직업 40
　미래에도 끄떡없도록 대비해요 42

슬기로운 돈 불리기 44
　부자가 되는 길 46
　가치 높이기 48
　좀 더 빨리 가치를 높이는 방법 50
　레버리지 52
　레버리지: 주의해야 할 점 54

임대 56
저축 58
투자 60
주식 투자의 황금 법칙 62
구루의 투자 비법 64
자산의 힘 활용하기 66
세계 최고 부자들로부터 배우는 비법 68
자신만의 돈벌이 기계를 만들어 보세요 70
반짝이는 비즈니스 아이디어 72
과연 좋은 아이디어일까요? 74
비즈니스 아이디어 테스트 78
비즈니스 아이디어 구체화 80
아이디어 보호하기 82

슬기로운 돈 쓰기 84

돈 쓰기가 두려운 사람들 86
욕구와 필요 88
무언가를 구입하는 이유 90
행복을 주는 돈 92
경제적인 역경을 딛고 일어서는 법 94
윤리적 소비 96
속지 않는 법 98
돈을 관리하는 방법 100
원하는 것을 갖기 위한 지불 방법 102
은행 계좌를 만드는 법 106
위조 화폐 110
기부: 멋지게 돈을 쓰는 방법 112
효과적인 기부금 활용 114
기부 효과를 극대화하는 방법 116
많은 돈을 기부하는 사람들 118
부자가 되는 슬기로운 7가지 법칙 120

여는 글

돈에 대해 궁금했던 적이 있나요? 돈이 있다는 것은 무슨 뜻일까요? 어떤 사람들은 부유하고, 어떤 사람들은 가난한 이유가 무엇일까요? 어떻게 하면 돈을 손에 넣을 수 있을까요? 아주 많은 돈 말이에요.

마치 마법을 부리듯 돈을 끌어모으는 사람들이 있어요. 이런 사람들은 그냥 엄청나게 많은 돈을 가진 것처럼 보이죠. 어떻게 그렇게 많은 돈을 갖게 됐을까요? 운이 좋았던 걸까요? 아니면 다른 사람들은 모르는 무언가를 알고 있는 걸까요?

그런가 하면 가진 돈을 잘 지키지 못하는 것처럼 보이는 사람들도 있어요. 손가락 사이로 물이 흐르듯 돈이 술술 빠져나가는 거죠.

비트코인을 사고팔거나 인기 있는 동영상을 만들어 많은 돈을 번 이야기를 들어본 적이 있을 거예요. 그뿐 아니라 신용카드 빚을 갚느라 평생 허덕이는 사람 이야기도 들어 봤을 거고요.

자신이 어떤 쪽인지 궁금한가요? 여러분은 돈에 대해 잘 아는 부류인가요? 그렇지 않으면 돈에 대해서 아무것도 모르는 부류인가요?

돈에 대해 무지한 사람?

어느 쪽인가요?

한 가지 좋은 소식이 있어요. 그건 바로 이 책을 읽으면 이 책값을 천 번이나 내고도 남을 만큼 귀중한 지식을 얻을 수 있다는 거예요. 지금 당장은 돈이 많지 않을 수도 있지만, 돈을 다루는 재주를 익혀 두면 현재 얼마만큼의 돈을 갖고 있건 부를 늘릴 방법을 배울 수 있답니다. 이 책은 현명하게 돈을 벌고, 불리고, 쓰는 방법을 가르쳐 줄 거예요.

이 책을 읽으면 돈에 끌려다니지 않고 돈을 지배하며 현명하게 돈을 관리하는 방법을 배울 수 있어요. 부자들은 이미 알고 있고 모든 사람이 알아 둬야 할 돈에 관한 진실도 알게 될 거예요.

편안한 삶

돈을 좀 더 효과적으로 사용하는 방법을 배우고 나면 돈에는 여러분과 세상 모두를 완전히 바꿔 놓을 진정한 힘이 있다는 것을 깨닫게 될 거예요.

물론 돈이 행복을 가져다준다고 약속할 순 없어요. 하지만 돈을 현명하게 사용하는 방법을 모르면 대부분 고통스럽게 살게 돼요. 반면, **슬기롭게 돈을 벌어서 지혜롭게 불릴 방법**을 알고 있으면 행복을 찾기가 훨씬 쉬워져요.

돈에 대해 잘 아는 사람?

돈이란 무엇일까요?

사람들은 무언가를 구매하거나 서비스를 이용할 때 돈을 내죠. 마찬가지로 우리가 가진 무언가를 팔거나 다른 사람에게 서비스를 제공할 때도 그 대가로 돈을 받아요. 그렇다면 돈은 뭘까요?

당근마켓이나 중고나라 같은 곳에서 자전거를 팔거나, 카페에서 아르바이트를 하고 돈을 받을 때 우리는 왜 행복감을 느낄까요? 진짜 물건을 내놓거나 고객 응대를 위해 많은 시간과 노력을 쏟아부은 대가로 우리에게 돌아오는 것은 몇 개의 종잇조각이나 금속 덩어리, 혹은 좀 더 커진 화면상의 숫자뿐이죠. 그럼에도 불구하고 우리는 왜 그토록 기뻐하는 걸까요?

이 자전거를 구겨진 종이 몇 장과 바꾸는 이유가 뭘까요?

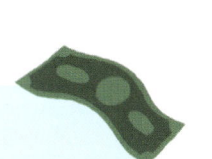

그만큼 주겠다는 약속

모든 돈의 공통점은 돈을 뒷받침하는 약속이 있다는 거예요. 돈을 사용하는 모든 사람이 돈을 가치 있는 것으로 대하겠다고 약속한 셈이죠. 이런 약속을 담고 있는 모든 것에는 금전적인 가치가 있어요.
 이런 약속을 담고 있는 것이 지폐일 수도 있고, 동전일 수도 있고, 수표일 수도 있고, 차용증*일 수도 있고, 가상화폐일 수도 있고, 금덩어리일 수도 있어요. 우리는 이미 다른 사람들도 우리와 같은 약속을 했다는 사실을 잘 알고 있어요. 그렇기 때문에 어떤 형태를 띠고 있건 돈이 있으면 음식, 옷, 집 등 원하는 것과 바꿀 수 있어요.

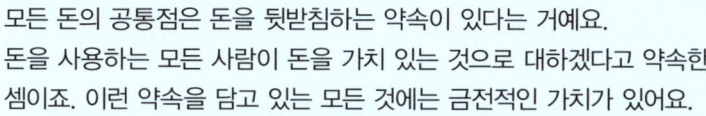

상호 신뢰

아마도 5만 원짜리 지폐를 만드는 비용과 5천 원짜리 지폐를 만드는 비용은 비슷할 거예요. 그렇다면 왜 5만 원짜리 지폐가 5천 원짜리 지폐보다 더 큰 가치를 갖는 걸까요? 5만 원짜리 지폐가 그만한 가치를 갖는 단 하나의 이유는 바로 신뢰랍니다. 지폐를 무언가와 교환할 수 있으며 각 지폐의 가치는 지폐에 적힌 숫자만큼이라는 사실을 우리 모두가 믿는 거죠.
 사람들이 부루마블이라는 보드게임에서 사용되는 장난감 돈을 진짜 돈처럼 쓴다면 부루마블 게임을 할 때 긴장감이 훨씬 커지겠죠!

부루마블 게임의 돈이 실제 돈과 같다면, 스릴 있는 범죄 영화 같은 일이 벌어지지 않을까요?

*차용증: 누군가로부터 얼마의 돈을 빌렸는지 적어 둔 증서

왜 돈을 사용할까요?

역사학자들은 맨 처음 금속으로 돈을 만들어 사용한 것이 무려 기원전 5천 년 전이라고 생각한답니다. 그렇다면 애당초 돈이 왜 발명된 걸까요?
두 가지 이유가 있어요. 먼저, 돈은 편리한 **교환 수단**이에요.

다시 말해서, 돈은 필요한 물건과 바꿀 수 있어서 원하는 물건을 갖기 위해 또 다른 물건을 내놓을 필요가 없는 거죠. 사실 내가 가진 물건을 다른 물건과 교환하는 물물 교환은 제법 까다로워요. 상대가 필요로 하는 물건이 내게 없을 수도 있고 내가 상대에게 주려는 물건의 가치와 내가 상대에게 받으려고 하는 물건의 가치가 다를 수도 있기 때문이죠.

소와 마법의 콩을 바꾸는 일은 힘들 거예요.

두 번째로, 돈은 **가치를 저장하는 수단**이에요. 돈에는 가치가 담겨 있기 때문에 언젠가 필요하거나 원하는 것이 생겼을 때 갖고 있던 돈과 바꿀 수 있는 거죠. 생각해 보세요. 돈과 소 중 어떤 것이 보관하거나 교환하기 쉬울까요?

알아 두면 좋아요!

돈 = 가치 저장 수단
= 보관해 뒀다 나중에 사용 가능

돈을 불리는 방법

이제 돈이 무엇인지 이해했으니 아마도 이런 생각들을 하고 있을 것 같군요.
"이제 좀 더 재미있고 신나는 걸 알려 주세요. 단숨에 돈을 많이 벌 방법을요!"

이런 상태에서 이런 상태로 바꾸려면 어떻게 해야 할까요?

돈을 벌 방법은 크게 두 가지랍니다.

| 자신의 시간과 노동, 노력을 들여서 **돈을 벌 수 있죠.** | 또는 | 돈이 여러분을 대신해 일하도록 만들어 **돈을 불릴 수 있어요.** 돈을 불리려면 모아둔 돈을 투자하거나 그 돈으로 사업을 시작해야 해요. |

정말로 부자가 되고 싶다면 돈을 벌고, 불리는 비법을 배워야 해요. 계속 이 책을 읽다 보면 모든 비밀을 알게 될 거예요!

슬기로운 돈 벌기

일을 해서 돈을 벌어요

사람들은 대개 생활에 필요한 돈을 벌기 위해 시간이나 노력, 땀, 노동을 돈과 바꿔요. 운이 좋아서 거액의 유산을 물려받은 게 아니라면 직접 돈을 벌어야 해요. 그 첫 번째 방법은 유급 일자리*를 찾는 거예요.
학교를 졸업하기 전에는 집안일을 하거나 부모님이 세차할 때 옆에서 돕거나 동생을 돌보며 돈을 벌 수도 있어요.

어릴 때 돈을 버는 방법을 배워 두면 살아가는 내내 도움이 될 거예요. 하지만 그게 전부가 아니에요. 지금 당장 얼마의 돈을 갖고 있건 좋아하는 일을 하면서 최대한 많은 돈을 벌어 재산도 불리고 좀 더 행복한 삶을 살 수 있다면 어떨까요? 어릴 때 돈을 벌면 좋은 점이 또 있어요. 그건 바로 여러분이 번 돈을 그대로 모을 수 있다는 거예요. 생각해 보세요. 의식주에 필요한 돈뿐 아니라 교복이나 학교 소풍에 드는 돈도 모두 부모님이 내 주시잖아요. 어릴 때는 돈을 벌어도 비용을 낼 필요가 없어요. 그러니, 돈을 모을 절호의 기회가 아닐까요!

*일한 만큼 돈을 주는 일자리

자, 그렇다면 얼마나 많은 돈을 벌 수 있을까요? 단 한 시간 만에 다른 사람들의 한 달 수입보다 더 많은 돈을 버는 사람도 있어요. 영국 기준이라 차이가 있을 수 있지만 대략 어떤 직업을 가진 사람들이 얼마나 버는지 확인할 수 있어요.

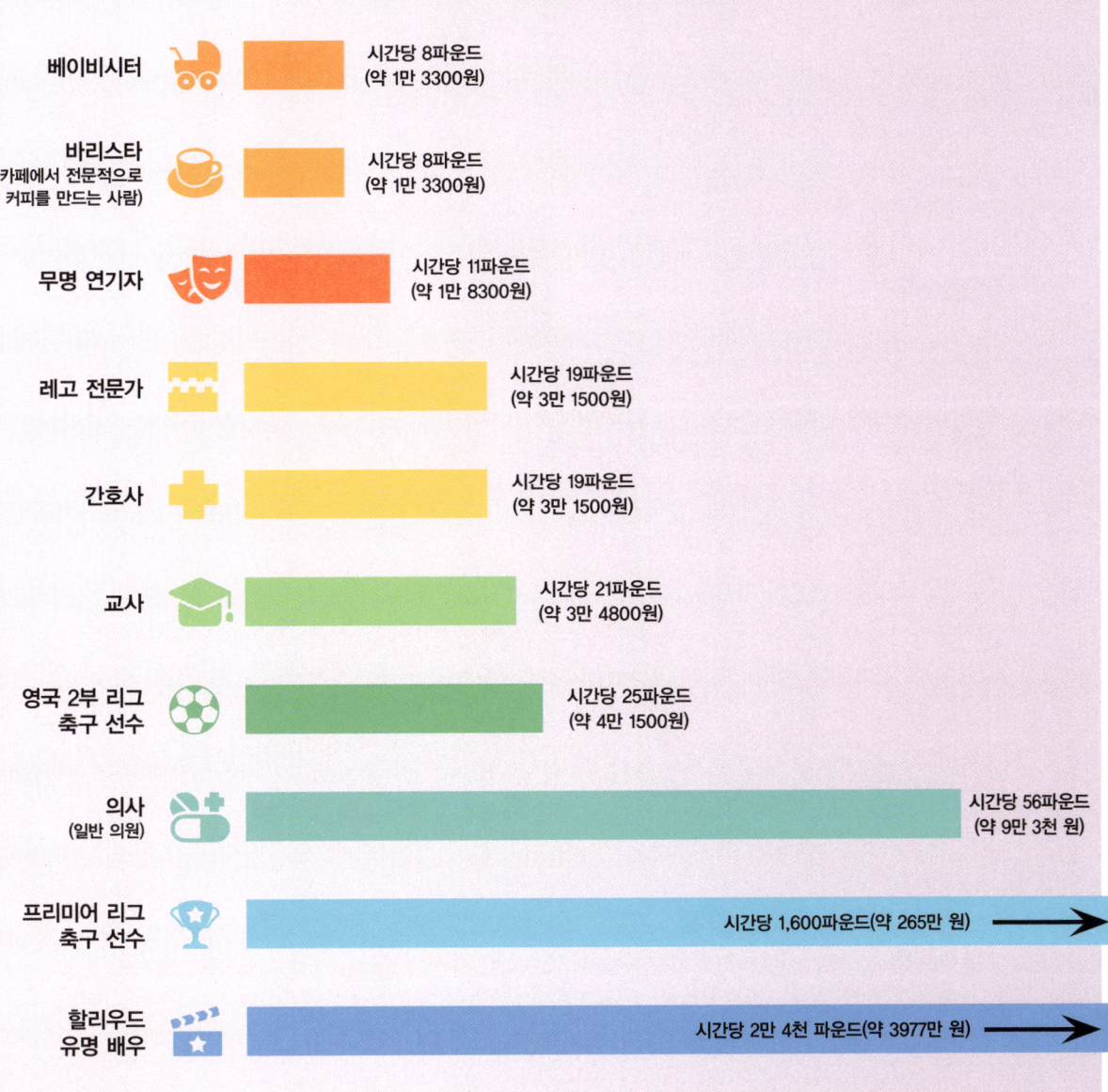

16 | 슬기로운 돈 벌기

왜 어떤 사람들은 다른 사람들보다 더 많은 돈을 벌까요?

사람의 시간에는 값을 매길 수 있어요. 그 값에 커다란 영향을 미치는 것이 바로 경제학의 기본 개념 중 하나인 **수요와 공급**이에요.

어떤 금액의 돈을 받고 그 일을 하고 싶고, 할 수 있는 사람의 '수'에 따라 **공급**이 결정돼요.

어떤 금액의 돈을 받고 그 일을 할 사람이 '얼마나' 필요한지에 따라 **수요**가 결정돼요.

예를 들어서, 어떤 축구팀 감독이 챔피언스 리그*에서 많은 골을 넣을 만한 선수를 찾는다고 생각해 보세요. 공급은 제한적일 수밖에 없어요. 득점력이 뛰어난 세계적인 선수가 많지 않으니까요. 하지만 수요는 높아요. 이런 선수가 있으면 팀이 경기에서 우승하고 구단이 많은 돈을 벌 가능성이 커지거든요.

이번에는 반대 상황을 생각해 볼까요? 지금 여러분이 베이비시터를 찾고 있다고 상상해 보세요. 용돈을 벌고 싶어 하는 아이들은 어디에나 있어요. 그래서 공급이 늘어나고, 공급이 늘어난 만큼 베이비시터 일자리를 원하는 사람이 받는 급여는 줄어들어요. 아무리 세계 최고의 베이비시터라도 최고의 축구 선수, 리오넬 메시처럼 시간당 삼백만 원 넘게 받기는 힘들어요.

그렇다면, 수요와 공급은 어떻게 정해지나요?

공급 부족과 공급 과잉

여러 가지 이유로 공급이 부족해질 수 있어요. 업무 자체가 위험하거나 유쾌하지 않을 수도 있고요. 쉽게 얻기 어려운 특별한 기술이나 자격을 갖춰야만 하는 일도 있을 거예요. 1년 중 특정한 시기나 하루 중 특정한 시간대에만 공급이 부족한 일도 있을 거예요.

*챔피언스 리그: 유럽에서 가장 뛰어난 성적을 거둔 32개 팀이 모여 최강의 축구팀을 가리는 대회

변호사나 회계사, 의사처럼 매년 합격자 수를 제한해 일부러 공급을 낮추는 직업도 있어요. 반대로, 어떤 이유에서건 그 일을 원하는 사람이 많아서 공급이 넘쳐나는 직업도 있어요. 가령, 근무 시간이 자유롭다는 이유로 배달 기사가 되려는 사람이 있어요. 물건 진열처럼 별다른 기술이 필요하지 않은 직업도 있고, 반려동물 미용사처럼 재미있는 직업도 있어요. 요가 강사처럼 행복감을 주는 직업도 있고, 정치인처럼 사회적 지위를 높여 주는 직업도 있고, 간호사처럼 고용 안정성이 높은 직업도 있어요. DJ처럼 그냥 멋진 직업도 있고요.

수요 부족과 수요 과잉

손쉽게 다른 누군가를 고용할 방법이 있으면 수요가 줄어들어요. 예를 들면, 정원사를 고용하는 대신 잔디 깎는 기계를 사용할 수 있지요. 어떤 일을 하는 데 특별한 기술이 필요하지 않은 경우에도 수요가 낮을 수밖에 없어요. 그 외에도 구두 닦는 일처럼 크게 중요하지 않은 탓에 수요가 낮을 수도 있어요.

주어진 일을 훌륭하게 해내는 것이 매우 중요해서 수요가 높은 직업도 있답니다. 눈 수술을 받아야 할 때는 검색 엔진에서 '값싼 안과 의사'를 검색하기보다 '좋은 안과 의사'를 검색하겠죠. 또한 시간이 촉박해서 수요가 높아지는 일도 있어요. 예를 들어, 어느 비 내리는 밤에 대문이 잠겨서 집에 들어가지 못한다고 상상해 보세요. 그런 날 열쇠 수리공이 15만 원의 출장비를 요구하면 응할 수밖에 없겠죠. 마찬가지로, 변기에서 마구 물이 샌다면 얼마를 내야 하건 당장 배관공을 부르고 싶을 거예요!

그 어떤 회사보다 많은 돈을 주고 최고의 직원을 고용할 수 있는 회사가 있다면 그때도 역시 수요가 높아질 거예요. (구글의 평균 급여는 영국 전체 평균 급여보다 6배나 높아요.)

18 | 슬기로운 돈 벌기

직업에 따른 엄청난 급여 차이는 공정한 걸까요?

다양한 직업의 평균 시급을 알려 줬던 15쪽에 있는 도표에 대해 다시 한번 생각해 볼까요? 일부 직업이 다른 직업보다 급여가 훨씬 높은 이유가 무엇일까요? 서로 반대되는 양측의 주장을 모두 읽어 보고 엄청난 급여 차이가 공정하다고 생각하는 그룹과 반대 그룹 중 어떤 쪽의 의견이 더욱 타당하게 들리는지 생각해 보세요.

교사 연봉 평균:
3만 7500파운드
(약 6200만 원)

프리미어 리그 축구 선수 연봉 평균:
279만 파운드
(약 46억 2300만 원)

교사와 프리미어 리그 축구 선수 (영국 기준)

네, 공정합니다!

1. 실력이 매우 뛰어난 축구 선수는 드물기 때문에 높은 급여를 받을 자격이 있습니다.

2. 축구 선수로 활동할 수 있는 기간은 짧습니다. 축구 선수의 평균 은퇴 나이는 30세입니다. 따라서 축구 선수로 뛸 수 있는 기간 동안 많은 급여를 받는 것이 옳습니다.

3. 축구 선수는 부상의 위험이 큰 직업인 만큼 돈으로 보상을 받아야 합니다.

4. 최고 수준의 축구는 우리에게 커다란 기쁨을 안겨 줍니다. 그래서 사람들은 축구 경기를 보기 위해 기꺼이 많은 돈을 냅니다.

5. 가격은 수요와 공급에 따라 시장에서 결정됩니다. 시장이 아니라면 누가 가격을 정하겠습니까?

아니요, 공정하지 않습니다!

1. 축구보다는 학생을 가르치는 일이 우리 사회 전체에 좀 더 가치 있는 일입니다.

2. 교사는 학생에게 지식이라는 선물을 안겨 주지만 축구 선수는 팬들과 거의, 혹은 전혀 상호 작용하지 않습니다.

3. 학생을 가르치는 것은 경제적인 측면에서도 가장 중요한 직업 중 하나입니다. 한 나라의 미래가 어떤 경제 상황에 놓이게 될지 결정하는 것이 학생들을 위한 교육입니다. 따라서 교사에게 좀 더 많은 급여를 주어야 합니다.

4. 교사가 축구 선수의 1/30도 채 안 되는 급여를 받는 것은 말도 안 됩니다! 축구 선수의 소득에 좀 더 많은 세금을 부과하고 거둬들인 세금을 교육에 투자해야 합니다.

5. 축구팀이 받는 후원금 일부는 도박 회사가 내는 겁니다. 도박은 우리 사회에 해가 됩니다. 그러니 도박 회사의 축구팀 후원을 금지하면 축구 선수의 소득이 좀 더 공정한 수준으로 내려갈 겁니다.

수입을 최대한 키워요

돈을 벌 가능성을 최대한 늘리고 싶다면 공급은 적고 수요는 많은 일을 찾아야 해요. 물론 그 일은 여러분이 좋아하는 것이어야 하겠죠. 어떤 분야의 일에 가장 관심이 가나요? 그 일을 시작하려면 무엇이 필요한가요?
(*아래의 직업군은 영국 기준입니다. 한국 상황과 많이 다른 것도 있지만, 살펴보면 영감을 얻거나 통찰력을 키울 수 있어요.)

내가 좋아하는 일 찾기

 무언가를 만드는 일

수공예품 전문 쇼핑몰 (£ ~ £££+)
수공예품 전문 쇼핑몰에서 무엇이 판매되는지 둘러보고 여러분이 더 잘 만들 수 있는 제품이 있는지 살펴보세요. 대량으로 생산할 수 있는 제품을 디자인해 보세요. 인스타그램 등 SNS에 사진을 올려 구매자를 찾는 것도 좋은 방법이에요.

동영상 제작자 (£££ ~ £££+)
동영상 제작 수요는 어마어마해요. 동영상 제작 방법을 저렴하게, 혹은 공짜로 알려 주는 온라인 강의를 수강하면 몇 달 만에 멋진 동영상을 제작할 수 있어요. 프리랜서 사이트에서 자신을 소개할 때는 뛰어난 창의력을 강조해야 한답니다.

 조사하는 일

기업을 위해 일하는 조사원 (££)
제품의 고객을 알아야 하는 기업은 프리랜서 사이트에서 이런 일을 맡아줄 조사원을 찾는답니다.
만약 조사원으로 뽑힌다면 여러분을 채용한 기업이 무엇을 필요로 하는지 제대로 이해하고, 수집한 정보를 알기 쉽게 전달하고, 마감 기한을 지켜야 해요.

£ = 최저임금 | ££ = 최저임금의 2배 | £££ = 최저임금의 3배

엔터테인먼트

성우 (£ ~ £££++)
목소리가 좋다는 이야기를 들어본 적 있나요? 그렇다면 프리랜서 사이트에 등록해 일거리를 찾아보는 것도 좋아요. 프리랜서로 일하면서 괜찮은 결과물을 몇 개 냈다면 성우 에이전시의 문도 두드려 볼 수 있어요. 성우에 도전하려면 콘덴서 마이크와 마이크 팝필터, 헤드폰, 조용한 공간 등이 필요해요.

동영상 광고 크리에이터 (££ ~ £££+)
입소문을 탈 만한 짧은 동영상 광고에 대한 수요는 정말 엄청나답니다. 동영상 광고 크리에이터로 일하면 많은 수익을 올릴 수 있을지도 몰라요. 실력이 쌓이면 직접 온라인 광고 에이전시를 차리거나 입소문을 탈 만한 인기 있는 영상을 만들어 여러분이 시작한 비즈니스를 광고할 수도 있을 거예요.

어떤 직업이 잘 맞을까요?

먼저 자신에게 몇 가지 중요한 질문을 던져야 해요.
"나는 뭘 좋아하지?", "나는 어떤 '잘 팔릴 만한 기술'을 갖고 있지?", "어떤 일이 내 성격과 어울릴까?" 같은 질문을요.
반대로도 생각해 봐야 해요. 세상에는 돈을 벌 방법이 수없이 많아요. 그러니 자신의 시간과 능력을 낭비하는 일에 만족해서는 안 되겠죠.

활동적인 일

반려견 산책 (£ ~ ££)
요즘은 반려견을 기르는 사람이 그 어느 때보다 많아요. 가까운 곳에 있는 자선 단체에서 자원봉사를 하며 반려견 산책이 어떤 일인지 배워 보세요. 직접 광고 전단을 만들어 동네에서 나눠 주면 고객을 확보하고 늘릴 수 있답니다. 가격을 정할 때는 근처에 있는 다른 경쟁 상대의 가격을 미리 확인하세요.

잔디 관리 서비스 (££ ~ £££)
먼저 잔디 관리 교육을 받은 다음(물론 온라인 강좌도 있어요) 장비를 준비하세요. 인근에서 같은 일을 하는 업체의 가격을 고려해 가격을 정한 후 광고 전단을 나눠 주면 돈을 벌 준비가 끝난 거예요.

디자인

로고 디자인 (£ ~ £££)
로고 디자인 강의를 들으면 적은 돈으로 새로운 기술을 익힐 수 있어요. 어떤 것이든 디자인 관련 일을 해 보면 고객의 욕구와 필요, 기대를 관리하고 이해하는 데 도움이 돼요.

웹사이트 디자인 (££ ~ £££+)
웹사이트 디자인 강좌를 다 들으려면 시간이 걸려요. 하지만 비용이 비싼 건 아니랍니다. 웹사이트 디자인 기술은 어떤 분야에서건 도움이 돼요. 프리랜서 사이트에 가입해 무료 서비스를 제공하며 자신의 실력을 많은 사람에게 알리고, 미래의 잠재 고객에게 보여줄 결과물을 만들어 보세요.

내 성격에 맞는 직업은 무엇일까요?

물론 여러분이 할 수 있는 일은 많아요. 하지만 여러분이 가진 능력을 최대한 끌어내는 직업을 찾는 편이 더 좋아요. 업무에서 뛰어난 성과를 내는 사람들은 대개 자신에게 잘 맞는 일을 하는 사람들이에요. 잘 맞는 일을 하다 보니 그 일이 힘들다고 느끼지 않아요. 자신이 어떤 사람인지 곰곰이 생각해 보고 자신의 기질과 성격에 모두 잘 맞는 직업을 찾아보세요. 여기 나오는 직업들은 예시에 불과하지만, 우리에게 많은 영감을 전해 주고 있으니 꼭 한번 읽어 봐요.

개성이 강한 사람

인플루언서 (£ ~ £££++)
많은 브랜드가 세계 각지에서 많은 SNS 팔로워를 거느린 인플루언서를 찾는답니다. 자신이 여기에 해당한다는 생각이 들면 자신이 애용하는 SNS로 들어가 관심 분야를 선택하세요. 다시 말해서, 여러분이 열정을 갖고 있는 분야 말이에요.
그런 다음 포스팅을 시작하세요.

SNS 관리자 (££ ~ £££+)
SNS를 관리할 프리랜서 관리자를 채용하는 곳이 많아요. 인터넷에는 SNS 기술을 향상시킬 수 있도록 도와주는 강좌가 많아요. 이런 강좌들은 콘텐츠를 제작하고, 판매를 늘리고, 고속 성장에 가장 도움이 되는 경로를 찾을 수 있도록 도와준답니다.

완벽주의자

교정 전문가 (££)
인터넷에서 짧은 교정 강의를 들으면 정기적으로 수입을 올리는 데 도움이 되는 공인 직무 기술을 습득할 수 있어요. (직무 기술에 대해서는 24쪽에 더 자세히 나와 있어요.)
영국에선 교정 기술을 익히면 textmaster.com 같은 프리랜서 사이트를 통해 일할 수 있어요.

영상 편집자 (£££ ~ £££+)
특정 소프트웨어를 이용한 영상 편집 강좌는 대개 무료로 제공돼요. 일주일 정도 영상 편집 강좌를 들으면 제법 빨리 고급 단계에 도달할 수 있어요. 크리에이티브 미디어 부문에 수료증이 있다면 많은 기회를 얻을 수 있어요. 온라인 취업 게시판이나 프리랜서 사이트를 활용하면 일할 기회를 얻을 수 있어요.

£ = 최저임금 | ££ = 최저임금의 2배 | £££ = 최저임금의 3배

리더

캠프 활동 책임자 (££)
여름 캠프나 어린이를 위한 활동 프로그램에는 아이들을 이끌 16세 이상의 유능한 리더가 필요해요. 아이들을 돌보는 데 필요한 기술을 갖고 있으면 여름 캠프나 각종 프로그램을 이끌며 재미있게 돈을 벌 수 있을 거예요.

유소년 경기 심판 (££)
리더로서의 기질이 강하고 특정한 운동 종목에 관심이 많고 14세가 넘었다면 유소년 경기 심판에 도전해 보세요. 각 종목을 관리하는 프로 스포츠 협회에서 관련 강좌를 들을 수 있어요. (우리나라의 경우, 만 15세부터 축구 심판에 도전할 수 있답니다.)

돕기를 좋아하는 사람

개인 과외 (££ ~ £££)
13세 이상의 청소년은 같은 동네나 인터넷에서 개인 과외 일자리를 구할 수 있어요. 부모님을 통해 주변에 개인 과외 소식을 알리거나 온라인 에이전시를 통해 개인 과외 사실을 알리고 홍보해도 좋아요.

수영 강습 (££)
16세 이상의 청소년은 수영 강사 협회 같은 기관에서 1급 자격증을 취득해 수영 강사로 활동할 수 있어요. 수영 강습은 근로 시간이 유연할 뿐 아니라 보수가 좋고 매우 보람 있는 일이기도 해요. (우리나라에서 수영 강사가 되려면 생활스포츠지도사 자격증을 따야 해요.)

 경쟁심이 강한 사람

게임 코치 (£ ~ ££)
좋아하는 게임을 하면서 돈도 벌 수 있다면 얼마나 좋을까요? 파이버 같은 프리랜서 사이트를 방문해 게임 카테고리를 살펴본 다음 온라인 게임 코칭 실력을 광고하면 괜찮은 일자리를 구할 수 있을지도 몰라요.

검색 엔진 최적화 (£££ ~ £££++)
구글 검색 결과 첫 페이지에 여러분이 관리하는 웹사이트가 나오게 만들려면 검색 엔진 최적화 (search engine optimizer, SEO) 기술이 필요해요. SEO 수업을 통해 기술을 익힌 사람들은 프리랜서 사이트나 구인 사이트에서 자신을 필요로 하는 사람을 찾을 수 있어요. 일단 괜찮은 성과를 내기 시작하면 수입이 대폭 늘어날 수도 있답니다.

 예술가

배우 (£ ~ £££)
연기를 좋아하나요? 만약 그렇다면 연기 학원에 다니거나 온라인 연기 수업에 등록해 연기 공부를 해 보는 것도 좋은 방법이에요. 준비되었다는 생각이 들면 오디션을 보기 시작하면 돼요. 돈을 얼마 주지 않는 단역부터 차근차근 경험해 나가는 것이 중요해요.

일러스트레이터 (££ ~ £££+)
그림에 소질이 있다면 그림을 그려서 돈을 벌 수도 있어요. 비핸스(Behance)나 드리블(Dribble)같이 창작물을 전문적으로 다루는 사이트들이 점점 늘어나고 있어요. SNS에서 자신의 포트폴리오를 홍보하는 것도 좋아요.

직무 기술을 활용해요

이번에는 직무 기술에 대해 알아볼까요? 직무 기술이란 이력서에 적어 넣을 수 있는 자격과 공인된 기술을 뜻해요. 직무 기술이 있으면 좀 더 많은 돈을 벌 기회를 찾기가 쉬워져요. 직무 기술을 익히고 싶나요? 온라인을 통해 많은 강좌를 찾을 수 있어요. 심지어 저렴한 가격에 원하는 강좌를 들을 수 있는 경우도 많아요.

어떤 능력을 직무 기술로 바꿀 수 있을까요?

 **음악 능력**

전문 음악가 (£££++)
음악에 재능이 있고 음악으로 돈을 벌고 싶다면, 온라인 음악 제작 과정에 등록해 보세요. 영국에서는 코세라(Coursera), 마스터 클래스(Masterclass), 유데미(Udemy) 같은 온라인 학습 사이트에서 수준 높은 강좌를 들을 수 있어요. 이런 강좌를 통해 자격을 갖췄다면 영상이나 팟캐스트, 오디오북에 들어갈 음악이나 노래를 만들거나, 편곡할 수도 있고, 온라인 음악 수업을 진행하거나, 믹싱·마스터링* 서비스를 제공해 온라인을 통해 돈을 벌 수 있어요.

 유창한 외국어 실력

번역가 (££ ~ £££)
기계의 도움 없이 사람이 직접 한 번역을 원하는 사람이 여전히 많아요. 거기에다가 교정 능력을 갖추면 좀 더 많은 돈을 벌게 될 가능성이 커진답니다. 경제협력개발기구의 PISA(https://www.oecd.org/pisa/)를 비롯해 세계적으로 인정받는 여러 기관에서 온라인 평가 서비스를 제공하고 있어요. 공인된 기관에서 자격을 따면 좀 더 많은 일을 하고 좀 더 높은 번역료를 요구할 수 있어요.

영어 강사 (£££ ~ £££+)
영어 강사 자격증을 받을 수 있는 강좌의 수준은 매우 다양해요. 하지만 짧은 기간 동안 진행되는 저렴한 온라인 강좌만 듣더라도 영어 강사가 어떤 직업인지 파악하고 누군가를 가르치는 일이 적성에 맞는지 확인할 수 있어요. 뿐만 아니라 프리랜서 사이트를 통해 서비스를 제공할 수도 있어요.

*mixing and mastering, 전체적인 소리가 잘 들리도록 편집하고 다듬는 과정

컴퓨터 기술

사이버 보안 (£££++)
컴퓨터와 전자 시스템을 악의적인 공격으로부터 보호하는 일은 매우 중요하죠. 그동안 해커원* 같은 곳에서 용돈을 벌어왔다면 이제 다음 단계로 올라설 수 있어요. 보안 감사관(Security Auditor) 자격증이나 사이버 보안 사건 취급 전문가(Cyber Security Incident Handler) 같은 자격증을 따면 최저 임금의 10배를 벌 수 있어요. 사이버 보안 관련 자격증은 많이 있으니 찾아보세요. 마이크로소프트(Microsoft), 정보시스템감사통제협회(ISACA), 세계정보보장자격증(Global Information Assurance Certification) 등 세계적으로 유명한 여러 기관이 다양한 관련 강좌를 제공하고 있답니다.

프로그래머 (£££++)
파이썬이나 자바 같은 프로그래밍 언어에 능숙하다면 온라인 강좌를 듣거나 자격증을 취득한 후 프리랜서 사이트에 등록해 봐요. 브레인스톰(Brainstorn)이나 트리하우스(Treehouse) 같은 코딩 전문 사이트를 활용하면 현재 기술 수준이 어떠하건 자격증을 딸 수 있어요. 자격증을 갖춘 프로그래머는 자격증이나 경력이 없는 프로그래머보다 대개 수입이 50% 많아요.

*해커원HackerOne.com, 보안상의 취약점을 찾기 위해 해커를 찾는 기업과 해커를 연결해 주는 플랫폼.

 ## 소프트웨어 관련 전문 지식

MS 오피스 전문가 (£ ~ ££)
마이크로소프트는 여전히 세계에서 가장 널리 사용되는 소프트웨어이며 온갖 프리랜서 구인 사이트는 워드, 엑셀, 파워포인트 같은 오피스 제품에 대한 도움을 원하는 고객들로 가득하죠. 공인 자격증을 갖고 있으면 프리랜서 사이트에서 좀 더 많은 돈을 벌 수 있어요. 마이크로소프트 역시 자체적인 마이크로소프트 오피스 전문가(Microsoft Office Speicialist) 과정을 제공하고 있답니다.

포토샵 편집자 (££ ~ £££)
매우 저렴한 단기 온라인 강좌들이 있어요. 첫 번째 일감을 따내기만 하면 곧장 수업료보다 많은 돈을 벌 수도 있답니다. 프리랜서 사이트를 찾아 여러분을 홍보한다면 더 많은 일감을 찾을 수도 있답니다.

매트랩 (£££++)
수학에 자신이 있다면 매트랩(Matlab)의 도움을 받아 소프트웨어 프로그래머가 될 수도 있어요. 매트랩을 개발한 기업 매스웍스(Mathworks)는 자체적인 자격증 프로그램을 운영해요. 매트랩에서 객관적으로 증명 가능한 능력을 키우면 많은 돈을 벌 수 있어요.

£ = 최저임금 | ££ = 최저임금의 2배 | £££ = 최저임금의 3배

일자리를 찾아요

수입을 최대한 늘릴 수 있는 마지막 단계는 어떤 일자리가 있는지 찾아보는 거예요. 물론 대문을 열고 집 밖으로 나와 동네에서 일자리를 찾아보는 것도 좋은 방법이지만 요즘 같은 디지털 시대에는 대개 온라인에서 급여를 많이 주는 일자리를 찾을 수 있답니다.

동네에서 일자리를 찾으려면

동네에 어떤 일자리가 있는지 확인해 보세요. 주변 사람들에게 물어보는 것도 좋은 방법이에요. 먼저 부모님, 조부모님, 선생님, 친구, 친구 부모님들께 일자리가 있는지 물어보세요. 모든 주변 사람에게 여러분이 일자리를 찾고 있다는 사실을 알리세요. 머지않아 어른들이 일자리를 찾는 데 도움이 되는 좋은 방법을 많이 알고 있다는 사실을 깨닫게 될 거예요. 잔디 깎기, 그리기, 꾸미기, 반려견 관리, 세차 등 세상에는 사람들이 기꺼이 서비스에 대한 대가를 지불하려는 일이 많답니다. 사람들은 휴가 기간 동안 집을 관리해 줄 사람을 찾기 위해 돈을 내기도 한답니다. 지역 신문 구인란이나 동네 가게 창문에 붙어 있는 구인 공고를 통해서도 아르바이트를 구할 수 있어요.

온라인에서 일자리를 찾으려면

온라인에는 아르바이트할 사람을 찾는 사이트가 많답니다. 우리나라에는 알바몬, 알바천국 등의 사이트가 있어요. 아르바이트생의 최저 나이를 정해둔 곳이 있으니 살펴보면 좋아요.

온라인에서 일자리를 찾는 최고의 비결

1. 직업 카테고리를 확인하고 각 카테고리 내에 어떤 사람들이 있는지 살펴보세요. 그와 동시에 각 카테고리 내에서 프리랜서들이 어떤 서비스를 제공하고 있는지도 확인하세요.
2. 여러분의 눈길을 사로잡은 프리랜서의 목록을 만들어 보세요.
3. 각 프리랜서의 이름 옆에 시간당 급여, 총수입, 그 일을 하는 데 필요한 직무 기술 등을 적어 보세요.
4. 필요한 기술이 없다고 해서 그 일을 할 수 없는 것은 아니랍니다. 어떤 기술을 익히고 싶다면 온라인에서 무료 강좌나 저렴한 강좌를 얼마든지 찾을 수 있어요. 돈을 벌 가능성을 최대한 높이려면 직무 기술을 익히는 것이 단연코 가장 좋은 방법이에요.
5. 특히 어떤 직업 카테고리에서 시작해야 할지 잘 모르겠다면 해당 분야에서 활동 중인 프리랜서에게 연락해 보세요. 멘토가 돼 줄 수 있는지 물어보는 것도 좋아요. 물어보고 싶은 질문을 미리 준비한 다음 돈을 받지 않고 멘토가 맡은 일 중 하나를 돕겠다고 제안해 보세요.
6. 항상 첫 일감을 따내는 것이 가장 힘들답니다. 첫 일감을 따내려면 조금 저렴한 가격을 제안하는 것이 좋아요.
7. 온라인에서도 안전에 유의해야 해요. 한국에는 청소년사이버상담센터(https://www.cyber1388.kr:447/)가 있어요. 모르는 것이 있거나 확신이 들지 않는다면 주위 어른들에게 물어보는 것이 가장 좋아요.

수입을 늘려요

여러분은 언제나 돈벌이 능력을 키울 수 있어요. 돈벌이 능력을 키운다는 것은 좀 더 많은 돈을 벌 수 있다는 뜻일 뿐 아니라 적게 일하고 좀 더 많은 자유 시간을 누릴 수 있다는 뜻이기도 해요. 아래에 있는 팁을 잘 활용하면 좀 더 많은 돈을 벌 수 있을 거예요.

1. 강좌에 등록해요
원하는 일을 할 수 있을 정도의 자격을 갖췄다 하더라도 항상 배움을 게을리해서는 안 돼요. 추가로 자격증을 따는 등 공식적인 경로를 밟아도 좋고 독학을 해도 좋아요. 공부는 절대 헛되지 않아요.

2. 새로운 언어를 배워요
제2의 언어를 구사할 줄 알면 급여가 평균 3% 올라가요. 3%라는 수치가 그다지 엄청나게 느껴지지 않을 수도 있지만, 평생 3%를 더 벌 수 있다면 그 차이가 매우 커질 수도 있답니다.

3. 멘토나 고문을 찾아요
업무 능력이 점점 발전하면 같은 분야에서 일하는 비슷한 사람들을 만나게 되죠. 다른 사람들의 경험을 통해 새로운 것을 배우면 성공에 박차를 가할 수 있어요. 다른 누군가에게 멘토가 돼 달라는 말을 꺼내기가 쉽지 않을 수도 있어요. 하지만 사람들은 대개 그런 부탁을 반가워하니 겁내지 말고 부탁해 보세요.

4. 시간을 효율적으로 관리해요
체계적이고 능률적인 사람은 그렇지 않은 사람보다 좀 더 쉽게 훨씬 많은 일을 해낼 수 있어요. 하루 일정을 계획하건, 해야 할 일들에 대해 우선순위를 정하건, 어떤 일을 하기 위한 좀 더 나은 방법을 찾는 등 시간 관리를 잘하면 다른 사람들보다 좋은 성과를 낼 수 있어요.

5. 사람들 앞에서 말하는 법을 배워요
자신감을 갖고 사람들 앞에 서서 당당하게 말하는 것은 매우 귀중한 기술이랍니다. 의사 소통 능력이 뛰어나면 조직 내에서 좀 더 높은 자리까지 승진하게 될 가능성이 커져요. 전체 인구의 무려 75%가 사람들 앞에서 말하는 것을 두려워한다고 해요. 이런 두려움을 이겨 내면 앞으로 큰 도움이 될 거예요.

어떻게 하면 많은 돈을 벌 수 있을지 영감을 얻고 싶나요? 그렇다면 많은 돈을 벌어 부자가 된 두 청소년 이야기를 살펴볼까요?

타리크의 과외 성공기

난 타리크야! 난 열여섯 살이고 2년 동안 과외를 해 왔어. 수학을 잘해서 수학 과외만 전문적으로 하고 있어. 내가 수학을 잘 가르친다는 소문이 퍼져서 시간당 과외비를 최저 임금의 3배까지 올릴 수 있게 됐지. 앞으로는 온라인 과외에 뛰어들어서 좀 더 많은 학생을 모집하고 온라인 과외 에이전시를 차리는 일도 고민해 보려고 해. 여러 학생을 모아서 한꺼번에 코딩 강의를 진행할 계획도 갖고 있어. 그렇게 되면 학생들의 코딩 프로젝트를 이용해서 내가 진행하는 과외 수업을 홍보할 수도 있을 거야.

인플루언서가 된 이지

난 열다섯 살이고 내 이름은 이지야. 난 책 읽는 걸 좋아하고 추천 도서를 찾으려고 틱톡에서 북톡(#booktok)이라는 책 추천 해시태그를 이용했어. 하지만 온라인에서 10대를 위한 도서를 제대로 리뷰하는 사람이 많지 않다는 사실을 알고 정말 놀랐어. 그래서 책 리뷰를 올리기 시작했고 팔로워가 단숨에 늘어났어. 난 내가 리뷰한 책들을 정말 좋아해. 내 영상을 보는 팔로워들과 진심으로 소통하고, 내가 만든 영상들에 해시태그를 달아. 영상을 촬영하고 편집하는 솜씨가 많이 좋아졌어. 내가 가장 잘한 일은 나와 비슷한 리뷰어한테 연락해서 도움과 조언을 구한 거야. 이제 팔로워가 5만 명이 넘어. 처음에는 책을 공짜로 얻을 수 있다는 사실만으로도 무척 기뻤어. 하지만 이제는 에이전시와 계약을 하고 유료 리뷰나 글을 올려서 최저 임금의 10배에 달하는 돈을 벌고 있어. 요즘은 수입도 늘리고 이따금씩 영화나 앱, 컴퓨터 게임도 리뷰할 목적으로 인스타그램으로 활동 범위를 넓혔어.

어린 갑부가 된 아이들

많은 돈을 벌어 유명인이 된 아이들에게서 영감을 얻고 싶나요?
어린 갑부(Super Money Maxer)들은 각자 다른 방법으로 돈을 벌었어요.
하지만 어린 갑부들에게는 몇 가지 공통점이 있어요. 그중 한 가지는 무척
열심히 일하고 기회를 놓치지 않았다는 거죠. 무엇보다 중요한 것은
어린 갑부들이 자신이 하는 일에 열정을 갖고 있었다는 거예요.

어린 갑부가 되는 길: 기업가
모티카 엔터프라이즈를 설립한 에밀 모티카(Emil Motycka)

미국 콜로라도주 볼더에 사는 에밀은 아홉 살이 되던 해에 잔디 깎기 아르바이트를 시작했어요. 열세 살이 된 에밀은 8천 달러의 돈을 빌려 상업용 잔디깎이를 구입했죠. 잔디를 깎아 번 돈을 저축한 에밀은 첫 번째 잔디깎이를 사기 위해 빌린 돈을 갚았을 뿐 아니라 일을 해서 번 돈으로 잔디깎이를 한 대 더 구입했어요. 에밀은 두 번째 잔디깎이로 잔디를 깎을 사람을 고용했고 에밀의 잔디 관리 사업은 성장을 거듭했어요. 에밀은 이런 과정을 반복해 여러 대의 잔디깎이 기계를 구입하고 여러 명의 직원을 고용하기에 이르렀고, 18세가 되던 해에 모티카 엔터프라이즈를 설립했답니다. 회사를 설립한 해 여름에 에밀은 10만 달러가 넘는 돈을 벌었어요. 이제 에밀은 60명이 넘는 직원들을 고용해 수백만 달러의 수입을 올리는 사장님이랍니다.

어린 갑부가 되는 길: 인플루언서
에반튜브의 에반 모아나(Evan Moana)

미국 펜실베이니아주에 사는 에반 모아나는 여덟 살에 유튜브 채널 에반튜브(EvanTube)를 시작했죠. 이제 열다섯 살이 된 에반은 유튜브 채널에서 매년 약 130만 달러의 수익을 올리며 에반튜브의 구독자 수는 100만 명이 넘어요. 에반의 순가치, 그러니까 에반이라는 사람이 가진 가치의 합은 무려 1,200만 달러로 추산된답니다! 그렇다면 에반은 어떤 영상을 올릴까요? 에반은 마인크래프트, 앵그리버드, 레고 등 또래가 좋아할 만한 영상을 올린답니다! 무언가에 대한 열정만 있다면 믿기 힘들 정도로 놀라운 것을 만들어 낼 수 있을지도 몰라요.

나는 최고의 상금 사냥꾼이야!

어린 갑부가 되는 길: 해커
100만 달러의 상금을 받아낸 해커 산티아고 로페스(Santiago Lopez)

아르헨티나 부에노스아이레스에 사는 산티아고 로페스는 '윤리적 해커(ethical hacker)'예요.* 산티아고는 19번째 생일을 맞이하기도 전에 소프트웨어의 취약점을 찾는 대회에서 100만 달러가 넘는 상금을 벌어들였어요! 산티아고는 유튜브 동영상을 시청하거나 블로그를 읽으며 해킹 기술을 독학으로 공부했어요. 산티아고의 전략은 어려운 버그를 찾기보다는 최소한의 시간 내에 많은 버그를 찾아 내는 거예요.

*윤리적 해커는 기업이나 조직의 의뢰를 받고 합법적으로 각종 기기나 시스템에 침투해 문제점을 찾아내 취약점을 보완할 수 있도록 돕는 착한 해커랍니다.

어린 갑부가 되는 길: 브이로거
라이언스 월드의 라이언 카지(Ryan Kaji)

미국 텍사스주 휴스턴에 사는 브이로거 라이언 카지는 아홉 살이었던 2020년에 '언박싱'을 전문적으로 하는 유튜브 채널을 통해 2,950만 달러를 벌었답니다. 라이언이 운영하는 채널 라이언스 월드의 구독자 수는 무려 2,200만 명이 넘죠. 어느 날, 장난감을 소개하는 다른 유튜브 채널을 시청하던 라이언이 엄마에게 이렇게 물었어요. "다른 아이들은 유튜브에 나오는데 왜 나는 안 나와요?" 당시 라이언의 아빠는 이미 유튜브 브이로거로 활동 중이었죠.
하지만 라이언이 유튜브에 참여한 후 라이언 가족은 아이들이 등장하는 동영상이 그렇지 않은 동영상보다 조회 수가 평균 3배 많다는 사실을 알게 됐어요.
단, 유튜브 채널을 시작하려면 어른들도 좋아할 만한 콘텐츠를 만들어야 한다는 사실을 잊어서는 안 돼요. 유튜브에는 13세 미만의 아동을 주 시청자로 삼는 동영상을 제한하는 아동 보호 정책이 있기 때문이에요. 유튜브가 이런 문제를 해결하고 아동의 부적절한 동영상 시청을 막기 위해 아동을 위한 플랫폼을 따로 운영한다는 사실도 기억해 두세요!

어린 갑부가 되는 길: 배우
해리포터 영화 주인공 다니엘 래드클리프(Daniel Radcliffe)

영화 〈해리포터〉 시리즈 주인공 다니엘 래드클리프는 21세 생일을 맞기도 전에 8,800만 달러를 벌었어요! 아역 배우 수요는 매년 12%씩 늘어나고 있어요. 하지만 당장 '아역 배우 연기 에이전시'를 검색하기 전에 연기를 직업으로 삼는 것이 매우 어려운 거라는 걸 알아야 해요. 무명 배우의 수입은 최저 임금보다 높지 않은 경우가 많아요. 연기는 경쟁이 매우 치열한 분야일 뿐 아니라 다른 배우들보다 눈에 띄려면 뛰어난 재능과 행운, 둘 다 필요하답니다. 연기에 대한 남다른 열정이 있는 사람에게만 배우의 길을 추천할게요!

돈아! 마구마구 늘어나라!

어린 갑부가 되는 길: 작가
크리스토퍼 파올리니(Christopher Paolini) – 뛰어난 청소년 작가

크리스토퍼 파올리니는 15세에 첫 번째 판타지 소설 『에라곤(Eragon)』을 쓴 후 출판사의 도움 없이 직접 책을 출판했어요. 머지않아 미국의 대형 출판사 크노프가 파올리니의 책에 관심을 가졌고, 크노프가 다시 출판한 파올리니의 첫 소설은 《뉴욕타임스》가 선정한 베스트셀러 목록에 올라갔어요. 『에라곤』이 출판된 후 첫 6개월 동안 파올리니는 100만 달러가 넘는 돈을 벌었답니다. 첫 책이 인기를 끌자 파올리니는 같은 시리즈에 속하는 책 3권을 더 발표했죠. 한 가지 재미있는 사실은 파올리니가 학교에 가는 대신 홈스쿨링 방식으로 공부를 했고, 15세에 모든 교육 과정을 마쳤다는 거예요. 어쩌면 그래서 글을 쓸 시간이 더 많았던 건지도 몰라요.

일자리를 찾았다면 어떻게 해야 할까요?

일자리를 찾았다면 열심히 일해야겠죠. 일자리는 돈을 벌기 위한 출발점이라고 봐야 해요. 이제 고객이나 고용주에게 여러분의 가치를 증명해 보여야 할 때가 된 거죠.

일자리를 찾는 데 성공한 사람들은 고용주가 아주 뛰어난 모습을 원한다고 생각할 때가 많지만 사실은 그렇지 않아요. 고용주는 대개 직원들이 주어진 일을 잘해 내기를 바랄 뿐이에요. 직원으로서의 가치와 전문성을 뽐낼 수 있는 중요한 부분은 다음과 같아요.

고용주와 고객이 중요하게 여기는 5대 핵심 요소

1. **신뢰성** 주어진 일을 잘해 내고 변명할 생각은 버리세요. 누군가를 실망시킬 수밖에 없는 상황이라면 가능한 한 일찍 솔직하게 이야기하고 사과하세요.

2. **의사 소통 능력** 가능한 한 빨리 응답하고, 사람들에게 여러분이 가장 선호하는 연락 방법을 알려 주고, 여러분이 어떻게 발전해 나가고 있는지 알리세요.

3. **기대치 관리** 최악의 실수는 지킬 수 없는 약속을 하고, 결국 약속을 지키지 못하는 거예요. 기대치가 너무 높아지면 실망하기 마련이에요. 여러분의 능력을 상대에게 알릴 때는 어떤 일을 할 수 있는지 현실적으로 이야기해야 한답니다.

4. **현실적인 가격 책정** 여러분은 어쩌면 그 일을 가장 잘해 낼 수 있는 사람이 바로 자신이라고 생각할 수도 있어요. 하지만 항상 여러분보다 좀 더 뛰어나거나 적은 돈만 받고도 똑같은 일을 하려는 사람이 있을 거예요. 그러니 가격을 정할 때 경쟁력을 고민해야 해요. 너무 높거나 낮게 가격을 정해서는 안 돼요. 가격을 너무 낮게 정하면 고객이 업무나 서비스의 질에 의문을 품을 수도 있어요.

5. **경청 능력** 충분한 시간을 갖고 고객이 무엇을 필요로 하는지 제대로 이해해야 해요. 대화가 중단되기를 기다렸다가 상대가 말을 멈추는 순간 곧장 상대를 설득하기 위한 말을 늘어놓으면 고객들은 신뢰하기 힘들어요. 자신이 아니라 고객에게 관심을 기울여야 한다는 사실을 기억하세요.

좀 더 많은 급여를 받아내는 법

맨 처음 급여를 정할 때 합의했던 것보다 훨씬 일을 잘한다거나 약속된 급여에 따라 요구되는 것보다 좀 더 많은 일을 해내는 경우가 아니라면 고용주가 약속보다 더 많은 돈을 주려 하는 경우는 거의 없답니다. 여러분이 얼마나 훌륭하게 일을 해내고 있는지 계속해서 확인하고 어필하면 궁극적으로는 좀 더 많은 돈을 벌게 된답니다! 급여 인상을 위한 노력에 도움이 되는 두 가지 꿀팁을 소개할게요.

첫 번째 꿀팁: 얼마나 발전하고 있는지 보여주세요

고용주가 여러분이 얼마나 노력하고 있는지, 얼마나 발전하고 있는지 쉽게 확인할 수 있도록 해야 해요. 고용주의 입장에서 생각해 보면, 많은 팀원 중 누가 잘하고 있는지 판단하기가 쉽지 않을 거예요. 그러니 여러분이 어떤 노력을 기울이고 있고, 어떤 성과를 이뤄냈으며, 무엇을 개선해 나가고 있는지 꾸준히 파악해 고용주가 좀 더 쉽게 결정 내릴 수 있도록 도와주세요. 여러분이 꾸준히 정리한 내용을 의사 결정자와 공유하면 능력을 인정받고 좀 더 많은 보상을 받게 될 가능성이 커져요.

두 번째 꿀팁: 자신의 가치를 제대로 알아야 해요

"요구하지 않으면 얻을 수 없다." 급여 인상 문제에 있어서는 이 말을 반드시 기억해 둬야 해요. 급여 인상을 아예 요구하지 않을 수도 있을 테고 급여 인상을 요구하긴 하지만 인상 수준이 충분하지 않을 수도 있겠죠. 하지만 여러분이 머뭇거릴 때마다 여러분과 같은 수준의 능력을 갖고 있지만 당당하게 급여 인상을 요구한 직원과의 급여 차이가 점점 벌어진다는 사실을 기억하세요. 이것을 복리 효과*라고 불러요.

> 음. 또 하나가 더 있어요.

*복리 효과: compounding effect, 이자에 다시 이자가 붙어 시간이 갈수록 은행에 맡긴 돈이 대폭 늘어나듯 기간이 길어질수록 효과가 커지는 현상

경력을 어떻게 관리해야 할까요?

돈을 많이 버는 일자리를 찾는 데 도움이 되는 방법이 몇 가지 있어요.
첫 단계는 자신이 어떤 일을 잘할 가능성이 큰지 파악하는 거예요.
즐길 수 있는 일을 선택하는 것이 무엇보다 중요하다는 사실도 항상 기억하세요.

가장 커다란 행복을 느낄 수 있는 일자리를 가지면 최대로 수입을 벌 수 있는 가능성 또한 커져요. 예를 들어, 프로그래머보다 보험계리사의 급여가 높지만 싫은데 억지로 보험계리사로 일할 때보다 좋아하는 프로그래머로 일하며 경력을 점점 발전시켜 나갈 때 더 많은 돈을 벌 가능성이 크답니다. (보험계리사는 미래에 어떤 사건이 발생할 가능성을 평가하고 이런 사건이 금전적으로 어떤 영향을 미칠지 계산해요.) 물론 수학과 금융을 좋아하는 사람에게는 보험계리사가 이상적인 직업일 수도 있어요.

그럼 어디서부터 시작해야 할까요? 자, 아래 내용을 읽고 자신에게 완벽하게 어울리는 일이 무엇인지 찾아볼까요?

경력을 최고로 키우기

1. **성격 검사를 해 보세요.** 자신에게 가장 잘 어울리는 일을 찾기 위한 첫걸음은 자기 자신에 대해 잘 아는 거랍니다. 하지만 성격이 바뀌지 않는다는 고정 관념에 빠져서는 안 돼요. 시간이 흐르면 성격이 바뀌어요. 십대 때는 특히 성격이 바뀌는 경우가 많고, 새로운 경험을 하다 보면 성격도 바뀌어요. 성격 검사 결과를 출발점으로 생각하세요.

2. **직업 적성 검사를 해 보세요.** 점차 많은 기술을 익히게 될 테니 주기적으로 적성 검사를 해 보는 게 좋아요. 직업 적성 검사를 하면 어떤 진로를 택하면 좋을지 결정하는 데 도움이 되는 아이디어를 얻을 수 있어요. 이제 힘든 일을 반쯤 끝냈다고 볼 수 있어요. 뿐만 아니라, 적성 검사를 하면 마음에 드는 직업을 갖는 데 큰 영향을 미치는 수업에 좀 더 집중할 수도 있어요.

3. 직무 기술에 집중하세요. 지금 일을 하고 있건 공부를 하고 있건 항상 좀 더 많은 기술을 익힐 기회가 있어요. 온라인 강의를 활용하면 특히 도움이 돼요. 직무 기술은 이력서를 더욱 빛나게 해 줘요. 좋아하는 기술을 갈고 닦으면 좀 더 멋지게 경력을 쌓을 수 있어요. 법학 학위나 온라인 강좌를 듣고 딴 검색 엔진 최적화 마케팅 과정 수료증에서부터 음악 믹싱 기술이나 칵테일 제조 기술에 이르기까지 무엇이든 직무 기술이 될 수 있다는 사실을 기억하세요!

4. 본격적으로 뛰어들기 전에 먼저 경험을 쌓으세요. 연구나 조사를 위해 진행하는 인터뷰에서 참가자들은 경험을 쌓는 것이 경력을 키워나가는 데 **무엇보다 중요**하다고 답했을 뿐 아니라 미리 경험을 쌓지 않은 것을 **가장 후회**하기도 했죠! 가족, 친구, 교사 등 인맥을 총동원해 현장 경험을 쌓아 보세요.

급여가 괜찮다는 건 알고 있지만 새로운 일이 필요해요.

미래에는 어떻게 돈을 벌 수 있을까요?

그동안 기술이 발달하면 일자리 중 많은 것이 사라지기도 했어요. 지금은 인공 지능이 발달하고 있을 뿐 아니라 자동화가 진행되고 로봇 공학이 발전하는 속도가 그 어느 때보다 빨라진 만큼 많은 돈을 벌고 성공할 수 있는 일자리를 얻으려면 변화에 적응해야만 해요.

눈앞으로 다가온 새로운 시대

인간에게 지금처럼 많은 가능성이 있었던 시대는 없었답니다. 지금 우리는 어디에든 가고 무엇이든 할 수 있을 뿐 아니라 어떤 것이든 만들어 내고 무엇이든 될 수 있어요. 여러분이 무엇을 선택하는지에 따라 결과는 크게 달라질 거예요. 30년 전에는 학교에 다니면서 좋은 성적을 받아 괜찮은 학위를 딴 다음 안정적인 직장을 찾는 것이 합리적인 선택처럼 느껴졌을 거예요. 하지만 이제 세상이 빠르게 변화하고 있어요. 이제 정보 시대가 저물고 **지능형 기술(Intelligent Technology)** 시대가 시작되고 있어요.

사라질 가능성이 큰 직업

직업을 갖고 그 직업이 요구하는 전문 지식을 갖추는 것이 많은 돈을 버는 안전한 방법이었던 시대는 이제 곧 끝날지도 몰라요. 무작정 들뜬 마음으로 앞으로 어떤 직업을 가지면 좋을지 고민하기보다 여러분이 취업 가능한 나이가 되기도 전에 여러분이 생각했던 직업이 사라지지는 않을지 생각해 봐야 해요.

위험도가 낮은 직업:
- 영양학자 (사라질 가능성 1% 미만)
- 외과의 (1% 미만)
- 기계 공학자 (1.4%)

위험도가 중간 정도 되는 직업:
- 사립 탐정 (31%)
- 통역사와 번역가 (38%)
- 마사지 치료사 (54%)
- 버스 운전사 (67%)

위험도가 높은 직업:
- 석공 (89%)
- 회계 감사관 (94%)
- 소매 판매원 (92%)

좀 더 많은 창의력과 정서 지능이 요구될수록 안전한 직업이라고 볼 수 있어요.

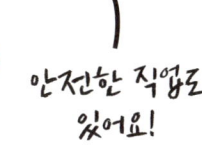

안전한 직업도 있어요!

지금으로서는 안전해 보이는 직업조차도 앞으로는 그렇지 않을 수 있어요. 물론 그런 일을 하는 데 필요한 기술도 마찬가지예요. 뿐만 아니라 앞으로는 많은 일을 해외에서 처리하게 될 거예요. (일부 업무를 해외로 옮기는 것을 조금 어려운 말로 '오프쇼어링(offshoring)' 이라고도 불러요.) 일자리가 해외로 옮겨가면 국내에서 일자리를 얻기 위한 경쟁이 치열해지고 수입이 줄어들어요. 해외에서 월급을 반만 주면 똑같은 기술을 가진 웹디자이너를 고용할 수 있는데 비싼 곳에서 웹디자이너를 고용할 이유가 있을까요? 앞으로는 외과 의사가 1천 킬로미터 떨어진 곳에서 수술 로봇을 조종하게 될지도 몰라요. (물론 와이파이가 잘 작동해야만 가능한 일이겠죠!)

미래의 직업

인간의 역사를 돌아보면 더 이상 필요하지 않거나 기술이 발전했다는 이유로 어떤 직업이 사라지고 새로운 직업이 등장해요. 미래학자들은 이미 앞으로 10~15년 동안 어떤 직업이 새로 생겨날지 예측을 하고 있답니다.

수직 농법을 이용해 농사를 짓는 농부

수직 농업(vertical farming)이란 마치 젠가 게임을 할 때 나무 블록으로 탑을 쌓듯 여러 층의 선반을 쌓아 식물을 기르는 방식이에요. 수직 농업은 흙이 필요 없는 특수 성장 기법을 활용해요. 인구 증가로 도시 지역의 토지가 점점 귀해졌고, 그 결과 사람들은 한때 농사에 사용했던 땅에 집을 지을 수밖에 없게 됐죠. 하지만 수직 농법을 이용해 농사를 지으면 농지가 부족할 일이 없을 거예요. 수직 농법을 이용해 농사를 짓는 농부가 되려면 농업에 대한 전문적인 지식을 갖춰야 할 뿐 아니라 작물을 팔고자 하는 대상과 그들의 음식 선호도를 고려해 어떤 작물을 기르는 것이 좋을지 잘 판단해야 한답니다. 물론 고소 공포증이 있는 사람은 수직 농장에서 일할 수 없겠죠!

우주 비행사

이런 뉴스를 들어본 적 있나요? 미국의 항공기 제작 회사 보잉, 우주 탐사 기업 스페이스X, 우주 관광 개발 기업 액시엄 스페이스 같은 기업들이 관광객들을 국제 우주 정거장으로 태워 보낼 계획을 세우고 있다는 뉴스를 말이에요. 머지않아 막대한 재산을 가진 부자들이 우주로 여름 휴가를 떠날 날이 올 거예요. 따라서 우주 비행사에 대한 수요가 늘어날 테고 우주 비행사는 지구상에서 가장 급여가 높은 일자리 중 하나가 될지도 몰라요. 그렇다면 우주 비행사가 되려면 무엇이 필요할까요? 미국 항공우주국(NASA)의 설명에 의하면, 다음과 같은 자격을 갖춰야 해요.
- 엔지니어링, 생물 공학, 자연 과학, 컴퓨터 과학, 수학 같은 이공계 전공 석사 학위.
- 2년간의 비행 경험, 혹은 기장 자격으로 1천 시간 이상 제트 비행기를 운행한 경험.
- 미 항공우주국의 장기 비행 우주 비행사 신체 검사를 통과할 수 있는 능력.
- 리더십, 팀워크, 의사소통 능력.

노인 돌보미

2050년이 되면 전 세계의 60세 이상 인구가 20억 명이 넘을 거예요. 기술과 의약품의 발전, 의료 개선 등으로 인해 흔히 '기대 수명'이라고도 불리는 인간의 평균 수명이 꾸준히 늘어나고 있어요. 하지만 노인이 젊은 사람보다 많아지면 누가 노인을 돌볼까요? 노인 돌보미가 되면 청소, 쇼핑, 산책 등의 일을 도와야 해요. 이 일을 잘해 내려면 인내심이 있어야 하고 고객의 요구를 잘 받아들여야 해요. 일본이 이미 노인을 돌보는 로봇을 개발했다는 사실을 알고 있나요? 그러니 노인 돌보미가 되고 싶다면 로봇보다 더 나은 서비스를 제공할 수 있도록 노력해야 한답니다.

멸종종 복원 전문가

전문가들은 매년 200~2,000종의 동식물이 사라지고 있다고 추산해요. 기후 변화가 점점 심각해지고 있는 만큼 멸종되는 동식물 숫자가 더욱 늘어날 거예요. 많은 동식물이 사라진다는 것은 그 누구에게도 반가운 소식이 아닐 거예요. 그래서 멸종된 종을 복원하는 기술이 더 많이 필요해질 거예요. 머지않아 멸종종 복원 전문가들이 유전자 편집에서부터 DNA 추출 및 합성에 이르는 다양한 기술을 활용해 멸종된 동물을 복원한 다음 자연 서식지로 되돌려 보낼 수 있게 될 거예요. 영화 '쥬라기 공원'을 떠올려 보세요! 멸종종 복원 전문가가 되려면 생물학, 화학, 의약학에 대해 잘 알고 있어야 해요. 물론 일부 동물을 복원했을 때 어떤 위험과 보상이 뒤따를지도 생각해 봐야 해요. 어쩌면 어떤 동물들은 그냥 과거에 남겨 두는 편이 나을지도 몰라요.

"티라노사우르스 조련사"

미래에도 끄떡없도록 대비해요

인공 지능이 대형 트럭 운전에서부터 법적인 효력이 있는 계약서 작성에 이르는 일까지 대신하는 시대가 되면 우리 인간은 어떻게 돈을 벌 수 있을까요? 그 답은 바로 여러분에게 달려 있습니다. 무슨 뜻인지 궁금하다면 다음 내용을 잘 읽어 보세요.

아주 빠른 속도로 변화하는 세상에 대비하려면 어떻게 해야 할까요? 한 가지 좋은 소식이 있답니다. 그건 바로 우리 인간이 미래에 단순히 살아남는 차원을 넘어서서 잘 살아가는 데 필요한 모든 기술을 갖고 있다는 거죠. 성공의 열쇠는 로봇과는 다른 방식으로 공부하거나 일하는 거예요. 로봇이 잘 할 수 있는 일들은 모두 진짜 로봇이 맡을 테니까요. 미래에는 그 무엇보다 인간답게 구는 것이 중요할 거예요. 물론 미래에도 이력서를 쓸 때 쓸 만한 직무 기술이 있다는 것을 밝혀야 할 거예요.

비법 1: 즐겁고 유쾌한 태도를 잃지 마세요

가파른 변화에 잘 대응해 나가려면 우리는 모두 끊임없이 배우고 적응해야 해요. 이런 방식을 '몰입 학습(in-the-moment learning)'이라고 불러요. 몰입 학습을 위해서는 언제든 탐구할 준비가 돼 있어야 하고 즐겁게 배우려는 태도를 잊지 말아야 해요. 새로운 전화기나 새로운 앱과 맞닥뜨릴 때마다 두려움을 느끼는 꼰대 같이 굴어서는 안 된다는 뜻이에요. 아무런 두려움 없이 일단 탐색하며 신나게 즐기는 다섯 살 아이처럼 구는 게 좋아요!

비법 2: 창의력을 발휘하세요

창의력을 갈고 닦으세요. 스스로 프로젝트를 정해서 시작해 보세요. 무엇이든 괜찮아요. 사업은 어떨까요? 레고 블록을 이용해 아침마다 M&M 초콜릿을 주는 알람 시계를 만들어 보는 건 어때요? 새로운 종류의 치즈는 어떨까요? 무엇을 만들고 싶건 일단 해 보세요. 아이디어를 현실로 바꾸는 것은 행복해지기 위한 중요한 비법 중 하나예요. 아이디어를 현실로 바꿔 본 경험이 늘어날수록 더 잘하게 돼요. 창의적인 사람들이 가장 만족스러운 삶을 사는 경우가 많을 뿐 아니라 무언가를 창작해 내는 사람들이 억만장자가 되는 경우가 많죠.

비법 3: 회복탄력성을 키우세요

일이 잘못됐을 때 잘 대처할 수 있나요? 규칙이 바뀌었을 때는 어떤가요? 그냥 어떻게 해야 할지 갈피를 잡을 수 없을 때는 어떤가요? 자신이 어떤 사람인지 잘 알고 있으면 벌써 반은 성공한 것이나 다름없어요. 여러분은 곤경에 처했을 때 어떻게 다시 회복하나요? 당장 문제 해결 모드에 접어드나요? 만약 그렇다면 아주 좋아요. 하지만 친구나 가족에게 도움을 요청할 수 있다는 사실을 잊지 마세요. 혹은 회복을 위해 다른 사람의 도움이 필요한 편인가요? 주변인들과 끈끈한 관계를 맺고 이런 관계를 유지하는 것을 자신만의 특기로 삼는 것도 좋아요. 다만 직접 문제를 해결하는 연습도 해야 한다는 사실을 잊어서는 안 돼요.

회복탄력성(*bouncebackability*)이 그다지 뛰어나지 않은 것 같더라도 걱정할 필요 없어요. 회복탄력성은 근육과 같아요. 더 많이 사용할수록 더 좋아지거든요. 먼저 작은 것부터 시작해 보세요. 문제가 발생했을 때 그냥 도망치고 싶은 기분이 들 수도 있어요. **하지만 절대로 그래서는 안 돼요.** 대신, 친구나 가족에게 연락해 기분이 어떤지, 무엇이 걱정되는지 솔직하게 털어 놓으세요. 문제를 해결할 수 있도록 도와달라고 이야기하고 함께 힘을 모아 문제를 해결해 보세요.

담 위에서 떨어졌어. 다시 원래대로 돌아갈 수 있을까?

험프티 덤프티

다음엔 무엇을 할까?

지금까지는 여러분은 어떻게 하면 많은 돈을 벌 수 있을지 알아봤어요. 하지만 그것만으로는 충분하지 않아요. 혹시 사람들이 가진 돈 대부분은 번 것이 아니라 불린 것이라는 사실을 알고 있나요? 한번 생각해 보세요. 많은 사람들이 매일 돈을 벌러 일터로 나가요. 하지만 급여를 받고 일하는 사람들이 받은 돈을 모두 더한 것보다 투자하고 사업하는 사람들이 불린 돈이 더 많답니다.

돈을 불리고 싶다면, 진짜 비법을 알려 줄 테니 귀를 기울여 보세요. 돈이 여러분을 위해 일하게 할 비법을 알아내고 싶다면 책장을 넘겨보세요. 이제부터 **돈을 불릴 방법**을 알려 줄게요!

슬기로운
돈 불리기

부자가 되는 길

지금 얼마나 많은 돈을 갖고 있건 가장 효과적으로 돈을 불릴 방법을 배워 두면, 돈에 대해 좀 더 잘 알게 될 뿐 아니라 남들보다 앞서 미래에 대비할 수 있어요.

전 세계의 모든 근로자가 받는 급여가 사람들이 투자와 사업 운영을 통해 벌어들인 돈과는 비교도 되지 않을 정도로 적다는 사실을 알고 있나요? 이미 가지고 있는 돈을 이용해 벌 수 있는 돈의 잠재력이 매우 크기 때문이죠. 돈을 벌기 위해 오직 일만 한다면 얼마나 많은 돈을 벌고 있건 아주 좋은 기회를 놓치고 있는 셈이랍니다. 진짜 제대로 돈을 버는 사람들은 돈을 불리는 기술을 익힌 사람들이랍니다. 돈을 불리기 위한 핵심 비법을 잘 배워 두면 여러분도 대부분의 사람들보다 훨씬 앞서 나갈 수 있을 거예요.

투자 기회를 살피다 보면 돈이 주렁주렁 열리는 **마법의 돈나무(magic money tree)** 가 존재할 수도 있다는 사실을 깨닫게 될 거예요. 그리고 그 돈나무에 있는 수많은 가지에서 온갖 방식으로 돈을 불릴 수 있다는 사실도요.

마법의 돈나무

임대
정해진 기간 동안 자산을 빌려주고 돈을 불리는 방식.

자본 소득
시간이 흐를수록 가치가 올라가는 자산에 투자하는 방식.

이자
돈을 빌려주거나 은행에 저축해 미리 약속된 만큼의 이익을 얻는 방식.

배당
주식에 투자해 해당 기업의 수익 중 일부를 얻는 방식.

사업 가치
팔 수 있는 비지니스를 통해 가치를 만들어 내는 방식.

알아 두면 좋아요!

이자란 다른 누군가에게 일정한 기간 동안 돈을 빌려주었을 때 받게 되는 이익을 뜻해요. 대개는 은행이나 다른 금융기관에 돈을 예치해 이자 수익을 얻어요. 하지만 최근엔 개인끼리 돈을 빌리거나 빌려줄 수 있도록 지원하는 사이트도 등장했어요. 이런 사이트를 이용하면 다른 사람에게 돈을 빌려주고 이자 수입을 올릴 수 있죠.

이 모든 것들이 잘 이해 안 될 수 있어요.
하지만 걱정하지 마세요.
지금부터 자세히 살펴볼 테니까요.

가치 높이기

시간이 흐를수록 가치가 올라가는 자산도 있고 가치가 줄어드는 자산도 있어요. 가치가 올라가는 자산과 가치가 내려가는 자산을 구분할 줄 안다면 미래에 좀 더 많은 재산을 가질 수 있어요. 좀 더 많은 정보를 바탕으로 제대로 된 투자를 결정했을 테니까요.

새로 출시된 아이폰4

여러분은 요즘 어디에 돈을 쓰고 있나요? 아마도 유행하는 옷이나 최신 기기, 가장 인기 있는 비디오 게임 등에 돈을 쓰고 있겠죠. 아마도 이런 데 돈을 쓰면 기분이 좋아지고 친구들에게 뽐낼 수 있을 거예요. 하지만 이런 물건들의 가치는 시간이 흐를수록 줄어들어요. 반면 돈이 아주 많은 부자들은 시간이 흐를수록 가치가 올라가는 자산에 많은 돈을 투자해요. 여러분도 가치가 올라갈 가능성이 있는 것에 투자해 재산을 늘릴 수 있어요.

트레이시 에민 (Tracey Emin)의 '우주 원숭이 (Space Monkey)'

해리포터 초판

2010년에 샀더라면 가장 좋았을 것들

2010년에 500파운드(약 85만 원)를 주고 샀더라면 지금쯤 많은 돈을 벌 수 있었을 법한 몇 가지 자산을 살펴볼까요?

비트코인

현재 가치: 1천 파운드 (약167만 원)

2010년 출시 당시 아이폰4 16기가바이트 모델의 가격은 499파운드였어요. 출시 후 몇 년 동안 이 모델은 전 세계에서 2억 대 넘게 팔렸고 이제 이 모델에 사용된 기술은 완전히 한물간 것이 되어 버렸어요. 지금 미개봉 상태의 아이폰4를 갖고 있다면 수집가들이 약 1천 파운드를 주고 사 갈 거예요. 하지만 이미 사용한 거라면 그다지 가치가 없어요.

현재 가치: 2만 파운드 (약 335만 원)

서양화가 트레이시 에민은 자신을 대표하는 작품 '우주 원숭이'를 한정판으로 딱 300장만 찍어냈어요. 우주 원숭이는 2009년에 영국 왕립 미술원 로얄 아카데미(Royal Academy)에서 처음 판매됐어요. 이듬해인 2010년에도 500파운드만 주면 우주 원숭이를 구매할 수 있었죠. 그 후 에민은 미술사에 한 획을 그은 중요한 예술가로 자리매김했어요. 예술가가 멋진 작품을 만들어 내고 미술사에서 중요한 인물이 되면 작품 가치는 올라갈 수밖에 없답니다.

현재 가치: 1천 파운드 (약 167만 원)

2010년에는 이미 해리포터의 인기가 높았을 뿐 아니라 마지막 영화는 2011년에 출시될 예정이었죠. 2010년에는 500파운드를 내면 해리포터 시리즈 네 번째 책 『해리포터와 불의 잔』 초판을 구입할 수 있었죠. 2010년에 구입한 초판을 새 책 상태로 유지하고 있다면 구입 가격의 2배인 1천 파운드를 받을 수 있어요. 해리포터 시리즈 작가인 J.K. 롤링의 사인이 있으면 책 가격이 1만 파운드를 넘을 수도 있어요!

현재 가치: 478억 파운드 (약 80조 1,759억 원)

2010년에 500파운드를 주고 비트코인을 샀다면 말 그대로 대박을 터뜨린 거예요! 혹은 비밀번호를 잊어버려서 돈을 모두 날렸을 수도 있겠지요. 2010년에 비트코인을 500파운드어치 샀다면 총 88만 6천 개의 비트코인을 살 수 있었을 거예요. 지난 10여 년 동안 비트코인의 가치는 믿기 힘들 정도로 불안정했어요. 하지만 비트코인의 가치가 정점에 다다랐던 2024년 초에는 2010년에 구입한 비트코인 500파운드의 가치가 478억 파운드로 뛰어올랐어요.

자, 그렇다면 자산에 돈을 투자한다면 어떤 자산의 가치가 올라갈 가능성이 큰지 어떻게 예측할 수 있을까요? 이 질문에 정확한 답을 내놓을 순 없지만 몇 가지 원칙을 기억해 두세요. 공급이 제한적이고 좋은 상태로 유지할 수 있는 것이라면 투자할 만해요. 다른 사람에게 뽐내기 위한 기계나 옷에 너무 많은 돈을 쓰지 마세요.

하지만 몇 년 동안 가만히 기다릴 필요는 없다는 사실을 기억해 두세요. 물건의 가치를 좀 더 빨리 높이는 방법들이 있어요. 훨씬 빨리 말이에요.

좀 더 빨리 가치를 높이는 방법

그렇다면, 자산의 가치를 높이려면 어떻게 해야 할까요? 자산의 가치를 높일 수 있는 간단한 방법 몇 가지를 살펴볼까요? 사실 무언가의 가치를 높이는 일은 놀라울 정도로 쉽답니다.

망치를 이용해 물건의 가치를 높이는 법

다섯 가지 꿀팁!

1. 사진을 이용하세요
인기 있는 유명인이 입었던 옷을 산 다음 되팔아 보세요. 단, 유명인이 입고 있는 사진도 함께 올리면 50% 높은 가격을 받을 수 있어요.

3. 세트로 사세요

해리포터 책을 시리즈로 판매하면 160파운드를 받을 수 있어요. 낱권으로 판매하면 가격이 1/3로 줄어들어요. 조금만 노력을 기울이면 제법 짭짤한 수익을 올릴 수 있어요.

2. 박스를 챙기세요

아예 사용한 적이 없는 아이폰 새 제품을 박스째 판매하면 가격이 2배로 올라가요. 박스를 버렸다면, 인터넷에서 박스만 따로 구입하세요.

4. 사인을 받아요

작가의 사인이 담긴 『해리포터와 불의 잔』 초판의 가치는 1만 달러에 달해요. 사인이 없는 책보다 가격이 10배나 높은 거죠! 그러니 좋아하는 책의 가치를 높이고 싶다면 작가의 사인을 받아 두세요.

5. 속도가 생명이에요

최신 나이키 에어맥스 운동화를 원하지 않는 사람이 있을까요? 판매 소식이 들려오면 일단 사전 주문한 다음 신발이 도착하자마자 고트(goat.com)나 스탁엑스(stockx.com) 같은 재판매 사이트(우리나라에선 중고 거래 사이트나 직거래 사이트)에서 구매 가격의 2배를 받고 신발을 판매해 보세요.

이런 꿀팁을 활용하면 여러분이 가진 자산으로 빠르고 쉽게 돈을 불릴 수 있어요. 하지만 돈에 대해 잘 아는 어른들은 재산을 늘리기 위해 '레버리지(Leverage)'라는 방법을 활용해요. 레버리지를 활용하는 방법을 잘 알아두면 좀 더 나이가 들었을 때 재산을 대폭 늘릴 수 있어요. 하지만 레버리지에도 위험이 따르기 때문에 레버리지의 원리에 대해 알아둘 필요가 있어요. 이제 레버리지에 대해 좀 더 자세히 살펴볼까요?

레버리지는 이 책에 소개된 돈에 관한 교훈 중 가장 중요한 것이랍니다!

레버리지

투자를 위해 부족한 돈을 빌리는 것을 **레버리지**라고 해요. 영국 등 일부 국가에서는 기어링이라고도 하지요. 자전거를 탈 때 좀 더 높은 기어로 바꾸는 것을 뜻해요. 기어를 높이면 페달을 조금만 굴러도 자전거가 더 빨리 움직이잖아요. 투자를 위해 돈을 빌리는 것도 마찬가지예요. 부족한 돈을 빌려서 투자하면 돈이 그만큼 많은 일을 해내게 되는 거죠. 물론 그 결과가 매우 좋을 수도 있고 매우 나쁠 수도 있어요. 먼저 완벽한 시나리오부터 살펴볼까요?

잭은 2000년에 1만 파운드를 집에 투자했어요. 주택담보대출로 19만 파운드의 돈을 빌려 20만 파운드짜리 집을 샀거든요. 그 후 잭은 대출에 대한 이자만 갚고 있어요. 다시 말해서, 빌린 돈 19만 달러는 하나도 갚지 않았어요.

가치 = 20만 파운드
은행에 갚아야 할 돈 = 19만 파운드

매년 대출받은 돈에 대한 이자를 갚아야 하지만 대신 달마다 집세를 내지 않아도 되죠. 뿐만 아니라 대출 금리가 낮았기 때문에 집세를 내는 것보다 은행 이자를 내는 편이 저렴했죠. 다시 말해서, 잭이 쓸 수 있는 돈이 늘어났어요.

매달 지출할 수 있는 금액이 늘어나자 잭은 집을 가꾸는 데 돈을 사용했어요.

시간이 흘러 2021년이 되었을 때 어떤 일이 벌어졌을까요?

집 가격은 매년 평균 6%씩 올라갔어요. 2021년에는 집값이 거의 70만 파운드가 됐어요! 이자를 빼도 40만 파운드(6억 7천만 원) 가량의 이익이 생겼어요.

가치 = 70만 파운드
은행에 갚아야 할 돈 = 19만 파운드

레버리지 효과

잭은 1만 파운드를 투자했을 뿐이지만 이제 잭의 재산은 51만 파운드가 됐어요! 맨 처음 잭이 투자한 1만 파운드의 돈이 2000년부터 매년 20% 이상 늘어난 셈이죠.

알아 두면 좋아요!

주택담보대출이란 한마디로 부동산을 사기 위해 빌린 돈이에요. 매달 돈을 갚지 못하면 돈을 빌려준 은행이나 금융 기관이 해당 부동산을 팔아서 대출해 준 돈을 챙긴답니다.

하지만 이게 전부는 아니에요. 사실 사람들이 쉽게 잊어버리곤 하지만 레버리지에는 주의해야 할 점이 하나 있어요. 다음 이야기에 주목해 주세요.

레버리지: 주의해야 할 점

너무 많은 돈을 빌리면 어떻게 될까요? 갚을 수 없을 정도로 많은 대출을 받아 큰 집을 산다면 머지않아 그 집은 은행에 넘어가게 될 거예요.
그 외에도 돈을 빌려서 투자하고 싶은 유혹을 느끼지만 실제로 그랬다가는 파산하게 될 가능성이 큰 경우가 있어요.

과도한 레버리지는 파멸로 이어질 수 있어요.

레버리지를 활용할 수 있도록 지원하는 투자나 거래 플랫폼도 있어요. 다시 말해서, 이런 플랫폼에서는 돈을 빌려서 투자할 수 있어요. 투자 대상이 기업이건 암호화폐건 원칙은 똑같아요. 투자 규모를 늘리기 위해 돈을 빌리지만 이런 경우에는 결과를 예측하기가 훨씬 더 힘들어요.

레버리지을 이용한 주식 투자

자, 여러분에게 투자 자금 1만 파운드(약 1670만 원)가 있다고 생각해 보세요. 어떤 거래 플랫폼에 접속했더니 런던에서 거래되는 상위 100개 주식(보통 FTSE 100이라고 불러요)에 투자할 수 있도록 여러분이 가진 돈 외에 9만 파운드를 추가로 빌려준대요.

FTSE 주가는 지난 20년 동안 연평균 4%씩 증가했어요. 다시 말해서, 10만 파운드를 투자하면 첫해에만 4천 파운드(약 670만 원)를 벌 수 있다는 뜻이죠. 빌린 돈에 대한 이자를 내더라도 여전히 수익이 남아요! 그러니 돈을 빌려 투자한들 무슨 문제가 있겠어요?

하지만, 역사를 돌아보면 잘못되는 경우가 많답니다! 가치가 올라가는 주식도 있지만 그렇지 못한 주식도 있어요. 전체 투자자의 무려 90%가 주식 시장에서 돈을 잃었어요. 경험이 없는 신규 투자자뿐 아니라 노련한 투자자까지 포함해서 말이에요. 역사를 돌아보면 시장은 변덕스러울 때가 너무도 많았어요. 그러니 시장이 급변하면 아무리 다양한 주식에 돈을 분산하더라도 롤러코스터를 피하기가 힘들어요. 지난 20년 동안 돈을 빌려서 투자를 한 사람이라면 거의 다 파산할 수밖에 없었을 만한 사건이 여러 차례 벌어졌답니다.

코로나19로 인한 주가 폭락

2020년 초에 10만 파운드를 투자했다면 3월 12일에는 코로나19 사태로 FTSE 100 지수가 30% 급락했을 거예요. 주가는 급락했지만 빌린 돈에 대한 이자는 계속 발생해요. 그러니 투자 플랫폼은 빌려준 돈에 대한 이자를 받기 위해 여러분이 가진 모든 주식을 강제로 팔아 버렸을 테고, 여러분은 무려 3만 파운드의 손실을 떠안게 됐을 거예요. 맨 처음 투자했던 1만 파운드를 몽땅 잃을 뿐 아니라 그 외에 추가로 2만 파운드(약 3353만 원)의 빚이 생기는 거죠!

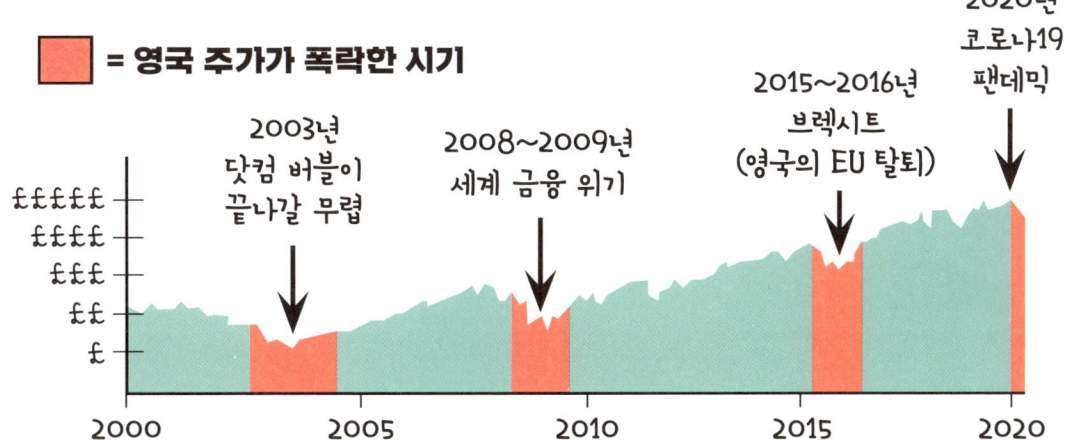

빌릴까요, 말까요?

적당히 돈을 빌려서 투자금을 늘리면 좋아요. 예를 들면, 일찌감치 주택 사다리*에 올라서는 것은 좋을 때가 많아요. 집에 대한 수요가 늘어나 장기적으로 주택 가격이 올라갈 가능성이 크거든요. 하지만 빌린 돈으로 앞으로 어떻게 될지 불확실한 무언가에 투자하는 것은 조심해야 해요.

*주택 사다리: 사다리를 오르듯 조금씩 좋은 집으로 옮겨가는 것을 뜻해요.

임대

자산을 빌려주고 돈을 벌 수 있어요. 사실상 '부메랑 판매(boomerang selling)'를 하는 거죠. 저 멀리 날아간 부메랑이 되돌아오듯 다른 사람에게 빌려준 자산도 되돌아오기 때문에 계속해서 다른 사람에게 빌려줄 수 있거든요.

영국 사람들은 집, 자동차, 드론, 카메라 렌즈, 악기, 아이스크림 트럭, 물품 보관 공간 등 온갖 것을 빌려주고 매년 1천억 파운드가 넘는 돈을 번답니다. 팻라마(FatLlama) 같은 자산 임대 사이트를 통해 거의 모든 것을 빌려줄 수 있답니다. 영국 사람들이 빌려주고 벌어들이는 1천억 파운드 중 일부는 여러분의 것이 될 수도 있어요.

임대 가능한 물품 목록을 만들어 보세요

자산 임대 사이트에 접속해 자신에게도 임대 가능한 물건이 있는지 살펴보세요. 일단 물건을 임대하기 시작하면 좀 더 많은 자산을 확보하고 싶어질지도 몰라요. 근처에 사는 사람들이 어떤 물건을 빌리는지, 임대 가격이 얼마인지 살펴보세요. 이베이나 엣시 같은 온라인 사이트에서 그 물건을 중고로 싸게 살 수 있는지 확인해 보세요. 예를 들면, 300파운드를 주고 온라인에서 중고 드론을 산 다음 팻라마에서 하루에 30파운드를 받고 빌려줄 수 있어요.

하루에 30파운드씩 받고 빌려주세요!

물건을 빌려주기 시작하면 조금씩 손상이나 손실이 발생할 수밖에 없어요. 그러니 임대하고 얻은 소득 중 일부를 모아두었다가 물건을 수리하거나 관리하는 데 사용해야 해요. 비용을 제한 후 남은 돈이 이익이에요. 물건을 임대할 때 도움이 되는 또 다른 팁은 임대할 때마다 사진을 찍어 두는 거예요. 그런 다음 돌려받은 물건이 망가지거나 훼손된 경우 자산 임대 사이트 측에 보험금을 요청할 수 있어요.

더 많은 임대 수익을 준비하세요

영국인들에게 가장 많은 임대 수익을 안겨주는 품목은 바로 집이랍니다. 부동산 임대는 수입을 대폭 늘리는 데 도움이 되는 최고의 방법 중 하나예요. 대개 주택 사다리에 빨리 올라탈수록 좋아요. 그러니, 좀 더 자라서 안정적으로 급여가 들어오는 일자리를 얻게 되면 부모님과 함께 살거나 친구와 집을 얻어서 사는 데 전혀 불만이 없고 행복하더라도 임대용 주택을 구입할 수 있도록 주택 담보 대출을 받으세요. 쉽게 말해서 임대 목적으로 집을 구입할 돈을 빌리는 거죠. 물론 어떤 집을 구입할지, 어디에 있는 집을 구입할지, 집을 어떻게 관리할지 등에 대해 조언을 구해야 해요. 집을 살 때는 많은 위험이 따르거든요. 집 가격이 내려갈 수도 있고, 금리가 높아질 수도 있고, 세입자가 월세를 주지 않을 수도 있고, 보일러나 배관, 전기 설비에 문제가 생겨 해결하는 데 많은 돈이 들 수도 있어요! 그렇게 되면 임대 수익을 얻기는커녕 계속 큰 빚을 져야 할 수도 있어요.

저축

돈을 불리는 가장 안전한 방법은 은행에 돈을 저축하는 거예요. 이자율이 괜찮은 계좌에 오랫동안 돈을 넣어 두면 **복리(compound interest)**의 마법 덕에 저축액이 기하급수적으로 늘어날 거예요. 물론 복리 이자를 주는 저축이어야 해요.
어느 운 좋은 아기가 생일 선물로 1천만 원을 받았다고 가정해 볼까요?
매년 5%의 이자를 주는 예금 계좌에 넣어둔 돈은 아래와 같이 불어나요.

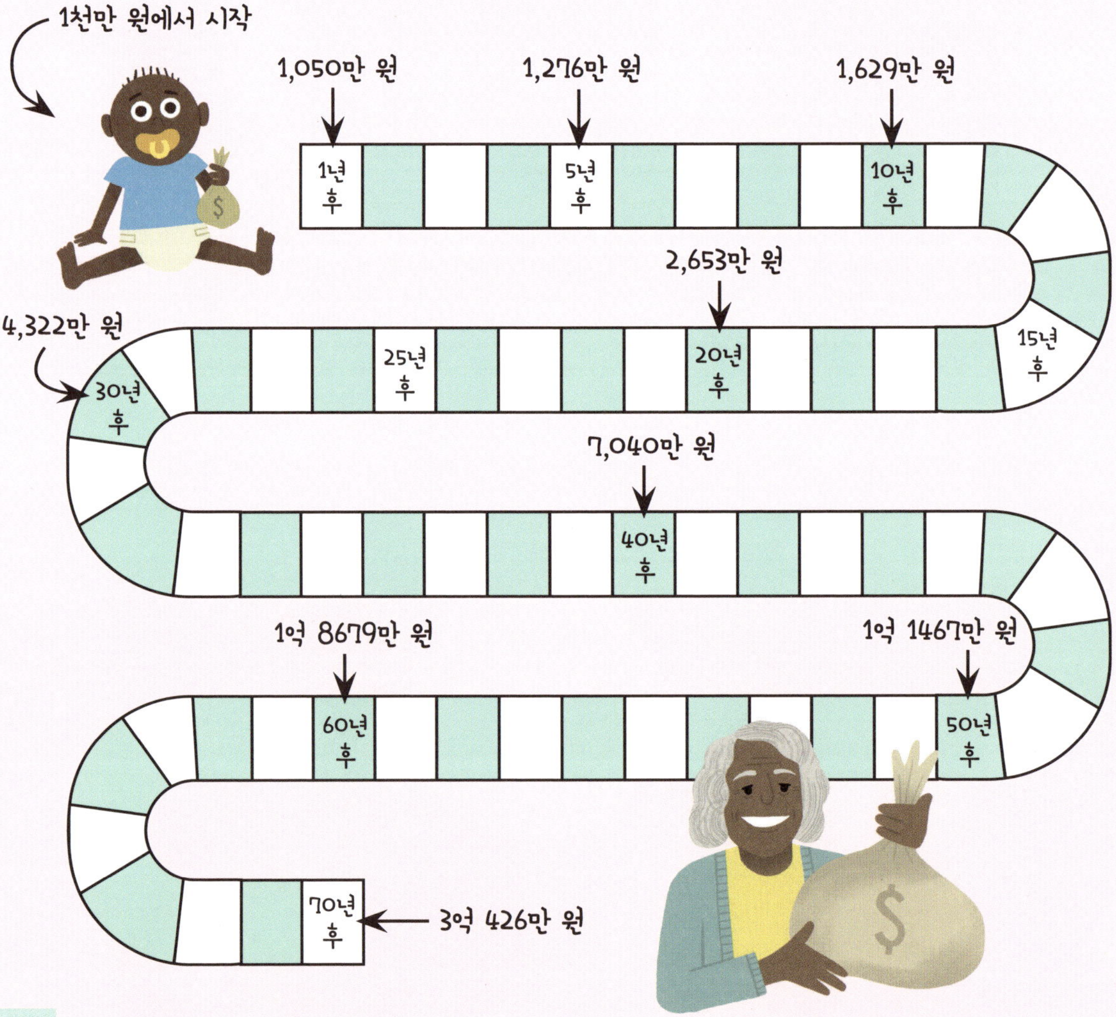

- 1천만 원에서 시작
- 1년 후: 1,050만 원
- 5년 후: 1,276만 원
- 10년 후: 1,629만 원
- 15년 후
- 20년 후: 2,653만 원
- 25년 후
- 30년 후: 4,322만 원
- 40년 후: 7,040만 원
- 50년 후: 1억 1467만 원
- 60년 후: 1억 8679만 원
- 70년 후: 3억 426만 원

저축계좌에 1천만 원을 넣어두면 은퇴할 무렵 거의 3억 원을 갖게 되죠. 하지만 복리의 마법을 즐기려면 **오래 기다려야 하고 이자율이 높아야 해요.** 사실 요즘은 전 세계의 이자율이 그리 높지 않아요. 최근에는 좀 높아지긴 했지만요.

이자율이 너무 내려가서 연 2.5% 이자 밖에 안 준다면, 1천만 원을 선물로 받은 아이가 은행에 돈을 계속 넣어 두더라도 은퇴할 때 받을 수 있는 돈이 5,632만 원으로 줄어들게 돼요. 연 5%의 이자율이 적용될 때 은퇴 시에 받게 되는 3억 원과는 거리가 멀죠.

사실 생각보다 매우 나쁜 일이랍니다. 70년 후에 받게 될 5,632만 원은 지금의 5,632만 원보다 가치가 낮기 때문이죠. 매년 돈의 가치는 줄어들어요. 인플레이션 때문에 물가가 계속 올라가기 때문이에요. 인플레이션이 돈에 어떤 영향을 미치는지 잘 이해해야 한답니다. 인플레이션이 어떤 영향을 미치는지 모르는 사람이 많아요.

여러분이 가진 돈이 열심히 일해서 여러분에게 좀 더 많은 수입을 안겨 주길 바란다면 가만히 저축만 해서는 안 돼요. 투자를 해야 해요.

알아 두면 좋아요!

인플레이션(inflation)이란 시간이 흐를수록 물건 값이 올라가는 걸 말해요. 매년 똑같은 금액으로 무엇을 살 수 있는지 생각해 보면 돈의 가치가 조금씩 줄어든다는 것을 알 수 있어요.

투자

은행에 돈을 저축하는 대신 투자하는 쪽을 택한다면 더 많은 돈을 벌게 될 가능성이 커져요. 물론 돈을 잃거나 줄어들 위험(risk) 역시 좀 더 커지긴 해요. 잘못된 투자를 하면 돈을 조금, 혹은 전부 잃을 수도 있어요. 하지만 위험이 커지면 그만큼 수익도 커져요. 물론 문제없다면 말이에요! 수익이 높아지면 복리 효과가 진정한 마법을 부릴 수도 있어요.

투자를 하려면 18세가 넘어야 하지만 부모님이 미성년 자녀를 위해 계좌를 만들고 대신 거래를 해 줄 수도 있답니다. 그러니 가장 커다란 투자 기회가 있는 **주식 시장**부터 시작해 볼까요?

알아 두면 좋아요!

투자(investment)란 점차 가치가 커져서 나중에는 좀 더 많은 돈을 받고 팔 수 있을 것이라는 희망을 품고 집, 주식, 그림 같은 자산을 구입하는 것을 말해요.

주식 시장

주식이란 회사에 대한 소유권을 작게 나눈 단위이며, 주식 시장이란 사람들이 주식을 사고파는 곳이에요. 기업들은 주식을 팔아 마련한 돈을 이용해 사업을 더욱 키워 나가요.

주식을 사면 두 가지 방식으로 돈을 벌 수 있어요. 먼저, 기업은 벌어들인 수익에 근거해 주주들에게 '배당'을 나눠 줘요. 1년에 한 번씩 배당을 주기도 하고, 좀 더 자주 배당을 줄 때도 있어요.

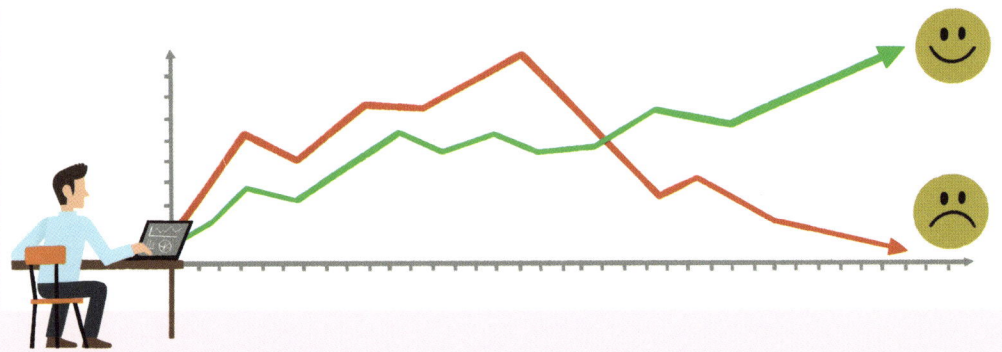

두 번째로, 주식 가격 자체가 올라갈 수도 있어요. 회사 실적이 좋거나 미래 전망에 관한 좋은 뉴스가 나오면 투자자들이 기꺼이 좀 더 많은 돈을 주고 그 회사의 주식을 사려고 할 거예요. 배당과 주식 가격 상승을 통해 벌어들인 이익을 모두 더한 것이 바로 주식을 사서 벌어들인 '투자 총수익'이에요.

하지만 투자를 할 때는 한 가지 문제가 있어요. 투자가 잘 될 수도 있지만 잘못될 수도 있거든요. 2010년에 아래에 있는 네 회사 중 한 곳에 투자했더라면 2021년에 어떤 일이 벌어졌을지 상상해 볼까요?

어떤 회사에 1천 파운드를 투자하고 싶나요?

BP

영국 석유 회사 BP(British Petroleum)는 2010년에 하루에 400만 배럴의 원유를 생산했어요. 하지만 2010년 4월에 멕시코만에서 무려 500만 배럴의 원유가 바다에 유출되는 끔찍한 사고가 벌어졌지요. BP는 이 재앙을 수습했지만 이전과 같은 상태로 돌아가지는 못했어요. 2010년에 BP에 1천 파운드를 투자했더라면 2021년에는 **742파운드**만 남았을 거예요.

노키아

2010년에는 휴대전화 회사 노키아의 전망이 좋지 않다는 발표가 나왔고 노키아의 주식 가격이 내려갔어요. 그래도 앞으로 좋아질 거라는 희망을 품고 노키아에 투자했다면 어땠을까요? 잘못된 판단이에요. 가격이 더 내려갔거든요. 2010년에 노키아에 1천 파운드를 투자했더라면 2021년에는 반도 안 되는 **408파운드**가 되어 버렸을 거예요.

롤스로이스

2010년에는 롤스로이스가 세계에서 가장 뛰어난 제트 엔진 제조업체 중 하나였어요. 하지만 2020년이 되자 코로나19 사태로 롤스로이스의 항공기 엔진 수입이 줄어 들었어요. 2021년에는 비행기 탑승객이 급격하게 줄어들었고, 1천 파운드 주식의 가치는 **449파운드**가 되었을 거예요.

아마존

아마존은 2010년에 손실을 내고 있었어요! 창고와 데이터 센터를 짓느라 돈을 쏟아붓고 있었죠. 하지만 아마존은 이제 세계에서 가장 가치 있는 기업이에요. 2010년에 아마존에 1천 파운드를 투자했더라면 2021년에는 20배가 넘는 **2만 6,513파운드**를 갖게 됐을 거예요.

물론 지나고 나서 보면 2010년에 어떤 결정을 내리는 것이 옳았을지 분명하게 보이죠. 하지만 미래로 눈을 돌려볼까요? 항공 여행이 정상화되면 롤스로이스 주식 가격이 다시 올라갈까요? 이미 아마존에 가입하지 않은 사람이 없을 테니 아마존이 더 이상 성장하기는 힘들까요? 누구도 미래를 예측할 순 없지만 몇 가지 황금 법칙을 기억해 두면 주식을 거래해 돈을 벌 가능성을 높일 수 있어요. 주식 투자의 황금 법칙을 살펴볼까요?

주식 투자의 황금 법칙

겁이 많은 사람, 위험을 감당하지 못하는 사람은 주식 투자가 어울리지 않아요. 금융 회사에서 일하는 사람들은 노련한 분석 능력과 조사 능력을 활용해 건전한 투자 결정을 내려요. 뿐만 아니라 주식 시장에서 성공하는 비법을 알려 주는 책도 많아요. 지금부터 소개할 5개의 황금 법칙을 기억해 두면 예측하기 힘든 주식 시장에서 주식을 거래하는 데 큰 도움이 될 거예요.

주식 투자의 다섯 가지 황금 법칙

1

달걀을 한 바구니에 담지 마라
1~2개의 회사에 모든 돈을 몰아서 투자하면 회사의 실적이 좋지 않을 경우 너무 많은 손해를 입게 되죠. 그런 일이 벌어지지 않도록 다양한 주식에 나눠서 투자해야 해요. 다양한 주식에 투자할수록 전체적인 위험이 낮아져요. 매우 큰 회사조차도 갑자기 망할 수 있답니다.

2

시장은 영리하다는 걸 기억하세요
기업의 가치에 대한 시장의 평가가 거의 옳다는 사실을 기억하세요. 어떤 회사의 주식이 너무 싸 보인다면 대개 그럴 만한 이유가 있는 거예요. 그러니 좋은 주식을 싸게 살 수 있는 기회라고 섣불리 판단해서는 안 돼요. 온갖 정보에 정신을 빼앗기기보다 직접 조사해서 유망한 기업을 선택하는 것이 좋아요.

대포 소리가 시작될 때 사세요

전쟁이나 전염병이 시작될 무렵 주식을 사면 어떨까요? 나쁜 생각 같나요? 그렇지 않아요. 2020년 코로나19 사태가 터진 직후에 주식을 샀더라면 2022년 쯤에는 제법 많은 돈을 벌었을 수 있어요. 코로나19 사태로 봉쇄 조치가 취해진 지 이틀째에 접어들자 주식 시장이 회복하기 시작했어요. 코로나19 사태가 앞으로 어떤 영향을 미칠지 점차 분명해지기 시작했거든요. 시장은 항상 앞을 내다본다는 사실을 기억해야 해요. 여러분도 그래야 해요.

분할 매수를 기억하세요

몇 달, 혹은 몇 년에 걸쳐 조금씩 주식을 나눠서 사는 방법은 위험 관리에 커다란 도움이 된답니다. 주식 시장은 매우 불안정해요. 주식 가격이 폭락하기 직전에 주식 시장에 모든 돈을 넣어 두면 돈을 되찾기까지 몇 년이 걸릴 수도 있어요. 하지만 매달, 매년 조금씩 나눠서 주식을 구입하면 호황이나 불황에 대한 걱정 없이 오랫동안 주식 계좌에 돈을 넣어둘 수 있답니다.

무작정 따라 해서는 안 돼요

무작정 다른 사람들을 따라 해서는 안 돼요. 자신이 투자하는 회사가 어떤 곳인지 제대로 알아야 해요. 아무것도 모르는 채 그냥 투자하는 사람이 놀랄 정도로 많답니다. 어떤 회사에 대한 좋은 소문만 듣고 무작정 투자하는 거죠. 정말로 주식을 사서 돈을 벌고 싶은 마음이 있다면 먼저 투자하려는 회사가 어떤 곳인지 조사해 보세요. 어떤 회사인지 잘 알수록 좀 더 나은 투자 결정을 내릴 수 있다는 사실을 기억하세요.

한번 해 볼까요?

증권 사이트나 투자 관련 앱에서 모의 투자를 하고 진짜 상금도 받아보세요.* 경제와 투자에 관한 정보를 알려 주는 신뢰성 높은 사이트에서 투자 아이디어를 얻고 필요한 정보도 수집해 보세요.

*우리나라의 미래에셋, 키움증권 같은 증권 사이트에서도 모의 투자를 해 볼 수 있답니다.

구루의 투자 비법

오마하의 현인: 워런 버핏(Warren Buffet)

워런 버핏은 아마도 역사상 가장 뛰어난 투자자일 거예요. 버핏은 열 살 때 『백만장자가 되는 1,000가지 비밀』을 읽은 후 이웃집을 직접 찾아다니며 껌과 잡지를 팔아 돈을 벌기 시작했어요. 버핏이 가장 먼저 투자한 것은 주식이 아니었어요. 버핏은 핀볼 기계를 구입한 다음 이용객들에게 돈을 받았어요. 그러자 돈이 굴러 들어오기 시작했죠.

버핏이 맨 처음 주식을 산 것은 열한 살이었던 1942년이었고, 2008년에는 무려 620억 달러의 자산을 가진 세계 최고의 부자가 됐어요. 2021년에는 미국의 유명 경제 잡지 〈포브스〉가 버핏을 960억 달러의 순자산을 보유한 세계 6위 부자로 꼽았어요.

지금부터 버핏의 성공 비법을 알아볼까요?

투자와 도박

주식 거래가 도박과 같다는 이야기를 들어본 적이 있을 거예요. 분명 주식 거래와 도박에는 공통점이 있어요. 투자할 때도 도박처럼 운이 작용하거든요. 투자에도 위험과 보상이 따르기 때문에 돈을 벌 수도 있고 잃을 수도 있어요. 가장 중요한 차이점은 책임감 있는 방식으로 꾸준히 투자하면 대부분의 위험을 관리할 수 있다는 거예요.

많은 재산을 얻기 위해 엄청난 위험을 감수할 필요는 없다는 교훈은 가능한 한 일찍 배워 두면 좋아요.

투자 외에도 좀 더 빨리 돈을 불리는 방법이 있어요. 버핏이 맨 처음 핀볼 기계를 구입했다고 했죠? 여러분도 비슷한 방법을 택할 수 있어요. 이미 여러분이 갖고 있는 자산을 잘 활용하면 좀 더 빨리 재산을 많이 불릴 수 있어요.

자산의 힘 활용하기

여러분이 가진 자산을 활용하면 얼마나 많은 돈을 벌 수 있을지 생각해 본 적이 있나요? 어떻게 하면 이미 여러분이 가진 것들을 이용해 돈을 벌 수 있을지 생각해 보세요. 방법은 무궁무진하답니다!

자산 + 일 = 엄청난 수입!

여름 동안 잔디를 깎아 7만 파운드가 넘는 돈을 번 에밀 모티카를 떠올려 보세요.(30쪽 참조) 에밀은 한 시간에 5파운드를 받고 잔디를 깎는 일부터 시작했어요. 5천 파운드의 대출을 받아 상업용 잔디깎이를 구입한 후 에밀의 수입은 대폭 늘어났어요.

상업용 잔디깎이를 구입한 후 다른 사람에게 빌려줬더라면 에밀의 수입은 약간만 늘어났을 거예요. 하지만 에밀은 상업용 잔디깎이를 빌려주는 대신 직접 운용해 더 많은 돈을 벌었어요.

에밀은 잔디를 깎아 주고 최저 임금을 받았어요.

에밀 = 시간당 5파운드

하지만 상업용 잔디깎이를 구입한 후 4배 많은 돈을 벌게 됐어요.

에밀 + 상업용 잔디깎이 = 시간당 20파운드!

에밀은 성인들만 제공할 수 있는 고급 서비스를 좀 더 저렴하게 제공할 수 있게 됐어요. 에밀은 시간과 노력뿐 아니라 많은 사람이 필요로 하는 서비스를 판매했어요. 그런 다음 정말로 큰 변화가 나타났어요. 에밀이 두 번째 잔디깎이를 구입했거든요. 갑작스레 학교의 모든 친구가 추가 수입을 벌어올 직원 후보처럼 보이게 됐죠. 에밀은 친구들에게 시간당 10파운드의 급여를 주고도 첫 번째 잔디깎이를 이용해 직접 벌어들이는 돈 외에 추가로 10파운드를 더 벌게 됐어요. 갑자기 수입이 급증한 것이죠.

최저임금을 받고 일하는 데 만족할 수 없다면 다음과 같은 아이디어를 실천해 보세요.

성공 비법

**아이스크림 판매 £
+ 아이스크림 판매용 자전거 = £££+**
아이스크림 가게에서 일하면 최저 임금을 벌 수 있어요. 하지만 아이스크림 자전거를 사거나 빌리면 4배 많은 돈을 벌 수 있어요.

**정원 관리 £
+ 잔디 관리용 기계
= £££**
정원 관리 서비스를 제공하면 최저 임금을 받을 수 있어요. 하지만 잔디를 예쁘게 다듬어 주는 기계에 투자하면 3배 많은 돈을 벌 수 있죠.

**청소 £ + 고압 세척기
+ 카메라가 달린 홈통
청소용 막대 = £££+**
창문만 닦아서는 큰돈을 벌 수 없어요. 하지만 제대로 된 장비를 마련하면 같은 일을 하는 다른 사람들보다 4배 많은 돈을 벌 수 있어요.

£ = 최저임금 | ££ = 최저임금의 2배 | £££ = 최저임금의 3배

위 사례에서 확인할 수 있듯 유용한 장비나 자산을 추가하면 단순한 서비스를 많은 돈을 벌어들이는 사업으로 변화시킬 수 있답니다. 역사적으로 세상에서 가장 부유했던 사람들은 성공적인 기업가, 혹은 사업가들이었답니다. 다음 장에서 그들이 어떻게 부자가 됐는지 알아볼까요?

세계 최고 부자들로부터 배우는 비법

일론 머스크, 제프 베이조스, 빌 게이츠가 세계 최고의 부자가 된 데는 한 가지 이유가 있어요. 물론 모두 사업에 성공했죠. 하지만 그건 이들이 부자가 될 수 있었던 비밀이 아니랍니다. 이 세 사람이 세계 최고의 부자가 될 수 있었던 건 이들이 번 돈보다 이들이 키워낸 회사의 가치가 훨씬 크기 때문이랍니다. 이상하게 들리죠?

세계 최고의 부자 제프 베이조스에 대해서 살펴볼까요? 베이조스의 재산은 1,770억 달러에 달해요. 베이조스가 자신이 설립한 기업이자 현재 1조 7천억 달러의 가치를 가진 것으로 평가되는 아마존의 전체 지분 중 10%를 갖고 있기 때문이죠. 하지만 지난 몇 년 동안 아마존은 이렇게 많은 돈을 벌지 못했어요. 지금까지 아마존이 낸 수익을 모두 더하면 약 440억 달러 정도 되죠. 사람들이 생각하는 아마존의 기업 가치에 비해 터무니없이 적은 돈이죠. 그렇다면 아마존이 그동안 벌어들인 것보다 훨씬 가치가 큰 것으로 평가받는 이유가 무엇일까요?

비밀은 단순해요 사업을 시작하는 것은 돈을 벌어오는 기계를 만드는 것과 같아요. 이런 기계가 있으면 사람들은 그 기계가 앞으로 얼마나 많은 돈을 벌어올지 관심을 갖는답니다.

돈을 벌어오는 기계에는 얼마의 가치가 있을까요? 어떤 회사가 미래에 많은 돈을 벌 것으로 예상되면 사람들은 그 회사가 훌륭한 투자 대상이라고 생각하고 기꺼이 많은 돈을 내놓아요.

오랫동안 창고를 만들고 데이터를 수집해 온 아마존은 내년에, 그리고 그다음 해에도 많은 돈을 벌 것으로 예상돼요. 사실 2030년이 되면 아마존의 기업 가치가 12조 달러를 넘을 것으로 보는 사람들도 있어요!

세계 최고의 부자(2021년)*

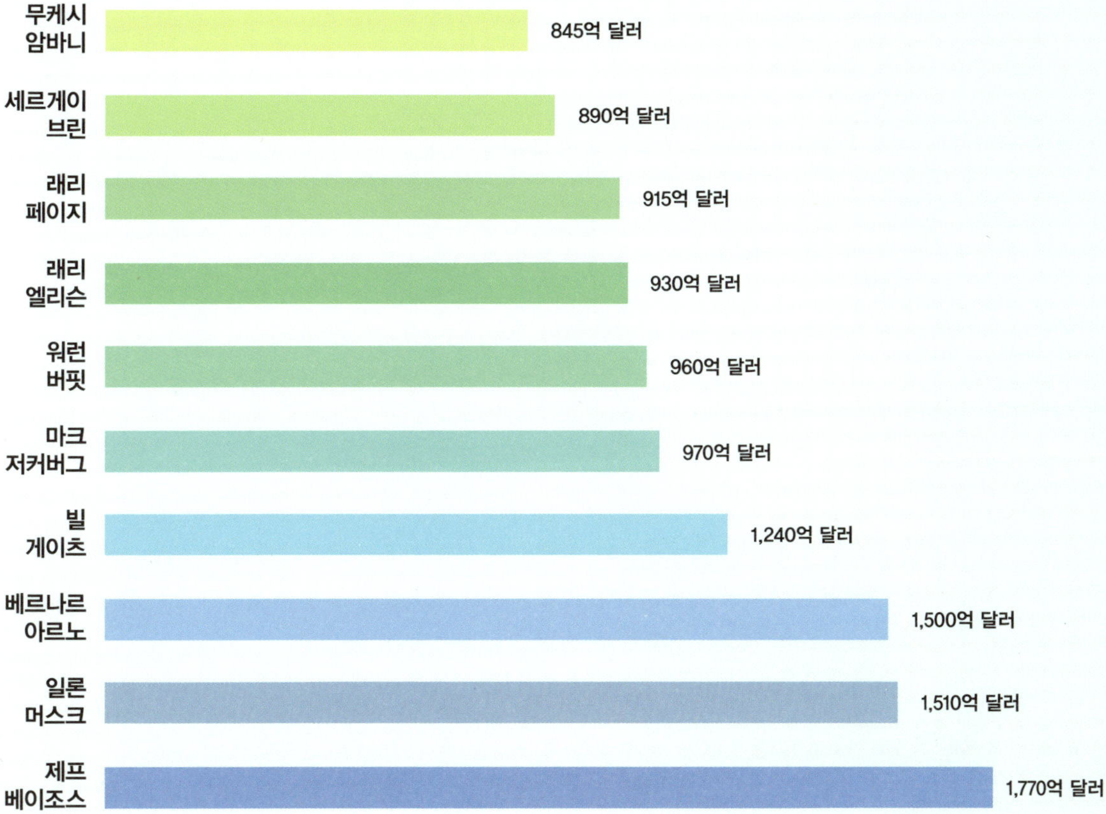

이름	순자산
무케시 암바니	845억 달러
세르게이 브린	890억 달러
래리 페이지	915억 달러
래리 엘리슨	930억 달러
워런 버핏	960억 달러
마크 저커버그	970억 달러
빌 게이츠	1,240억 달러
베르나르 아르노	1,500억 달러
일론 머스크	1,510억 달러
제프 베이조스	1,770억 달러

*〈포브스〉지가 공개한 세계 억만장자 35회 목록에서 발췌했어요. 이름 뒤에 적힌 숫자는 순자산을 의미해요.

여러분도 베이조스가 될 수 있어요

그렇다면 아마존의 엄청난 부가 여러분과 어떤 관계가 있을까요? 사실 옛날에는 사업을 하더라도 나중에 회사를 팔기가 쉽지 않았어요. 많은 돈을 주고 전문가의 도움을 받아 주식 시장에서 회사를 팔아야 했죠. 하지만 이제는 인터넷 덕에 누구든 쉽게 돈벌이 기계를 만들고 팔 수 있게 됐어요. 이 과정이 어떻게 진행되는지 살펴볼까요?

자신만의 돈벌이 기계를 만들어 보세요

요즘은 누구나 회사 일부를 떼어내 쉽게 팔 수 있게 됐어요. 모두 크라우드 펀딩 덕분이에요. 크라우드 펀딩이란 기업가적인 비전을 제시해 소액 투자자를 모집하는 거예요. 대개 크라우드 펀딩을 전문적으로 하는 사이트를 이용해서 돈을 모아요.

잘 알려진 크라우드 펀딩 사이트로는 킥스타터(kickstarter.com), 인디에고고(indiegogo.com), 크라우드큐브(crowdcube.com), 크라우드펀더(crowdfunder.co.uk) 등이 있어요. 크라우드 펀딩의 문제는 이런 사이트를 이용하려면 18세가 넘어야 한다는 거예요. 물론 언제든 어른과 한 팀이 돼서 일하는 방법이 있긴 해요. 또 최근 들어 키드에베레스트(kideverest.com), 고펀드미(gofundme.com) 같이 어린 기업가들을 도와주는 크라우드 펀딩 플랫폼도 생겨났어요.

어떤 비즈니스를 해야 할지 영감을 얻고 싶나요? 자신의 비전을 현실로 바꾸기 위해 크라우드 펀딩을 활용한 캘리포니아주의 28세 기업가 팔머 럭키 이야기를 살펴볼까요?

팔머 럭키(Palmer Luckey)

럭키는 열다섯 살이 되던 해에 부모님 집 차고에서 가상 현실 헤드셋 개발 프로젝트를 시작했어요. 그로부터 몇 년 후, 럭키는 시제품을 만들어 냈어요. 최초의 오큘러스 리프트 헤드셋(Oculus Rift Headset)을 만들어 낸 거죠.

하지만 럭키는 여전히
학생이었기 때문에 판매
가능한 제품을 만들 돈이
없었어요. 그래서
크라우드 펀딩 사이트
킥스타터에서 투자금을
모집했어요.

럭키는 300달러를 받고
투자자들에게 직접 조립해서
사용하는 가상 현실 헤드셋
키트를 제공했어요.

럭키는 25만 달러를 모을 생각이었지만 최종적으로 240만 달러가 모였어요.
크라우드 펀딩 역사상 가장 성공적인 캠페인 중 하나였죠.

럭키는 투자금을 활용해 키트를 생산하고 더 나은 제품을 개발했어요. 단 2년 만에 럭키는 최첨단 가상 현실 헤드셋을 만들어 냈어요. 그 무렵, 럭키는 240만 달러의 투자금을 거의 다 사용해 버렸어요. 하지만 럭키는 자신이 사용한 투자금보다 훨씬 가치 있는 것을 만들어 냈죠. 최고급 제품과 모르는 사람이 없는 유명한 브랜드를 만들어 냈을 뿐 아니라 앞으로도 엄청난 수입을 올릴 수 있게 됐어요.

이 모든 것의 가치가 20억 달러에 달한다고 판단한 페이스북은 특허를 사들였고 팔머 럭키는 단숨에 억만장자가 됐답니다.

그렇다면, 크라우드 펀딩 사이트에서 비즈니스를 시작하려면 무엇이 필요할까요? 회사를 만들고 비즈니스를 꾸려 나가려면 무엇이 필요할까요? 모든 것이 그렇듯 아이디어에서 출발해요.

반짝이는 비즈니스 아이디어

최고의 아이디어를 얻으려면 먼저 문제를 포착하고 해결 방안을 찾으려고 노력해야 해요. 혹은 좀 더 낫거나, 빠르거나, 저렴하게 문제를 해결할 방법을 찾는 것도 좋아요. 몇 가지 도움이 될 만한 사례를 살펴볼까요?

킨들링 크래커(Kindling Cracker)

뉴질랜드에 사는 십대 소녀 아일라 허친슨(Ayla Hutchinson)은 손도끼로 장작을 쪼개던 어머니가 실수로 손가락을 자를 뻔했다는 사실을 알게 된 후 안전한 방법을 찾기 위해 노력했어요. 결국 허친슨은 장작을 쪼개는 동안 나뭇조각을 붙잡아 주는 무쇠 틀을 만들어 킨들링 크래커라는 이름을 붙였어요. 뉴질랜드와 북미 지역에서 수만 개의 킨들링 크래커가 사용되고 있답니다. 허친슨은 자신의 발명품에 대해 이렇게 이야기했어요. "킨들링 크래커는 신체적 장애가 있는 사람들에게 다시 스스로 장작을 팰 수 있는 자유를 줍니다. 킨들링 크래커가 있으면 모두가 좀 더 쉽고 안전하게 장작을 쪼갤 수 있습니다."

플로우 하이브(Flow Hive)

벌집에서 꿀을 꺼내려고 해 본 적이 있나요? 호주에 사는 시더 앤더슨(Cedar Anderson)의 아버지는 항상 벌에 쏘였다며 불평을 늘어놓았어요. 앤더슨은 정원에 있는 헛간에서 몇 년 동안 꼭지만 돌리면 꿀이 나오는 벌집 플로우 하이브 개발에 몰두했어요. 앤더슨은 플로우 하이브 생산에 필요한 도구를 마련하는 데 필요한 4만 파운드를 조달하기 위해 크라우드 펀딩을 시도했죠. 결국 앤더슨은 600만 파운드가 넘는 투자금을 마련했고 130개국이 넘는 나라에서 거의 2만 5천 건의 주문을 받았어요.

문제를 포착하고 답을 찾으세요

집이나 직장에서 주위를 둘러보면 새로운 제품이나 서비스를 이용해 손쉽게 처리할 수 있을 만한 따분한 일이나 문제를 많이 발견할 수 있어요. 자주 발생하지만 다른 사람이 아직 해결 못한 문제를 발견해 해결책을 내놓는다면 많은 사람의 관심을 받게 될 거예요.

좋은 아이디어가 필요하다면, 아래에 적힌 2개의 조언에 귀를 기울여 보세요.

최고의 조언 1

사람들에게 물어보기

조부모님께 나이가 들수록 무엇이 힘들게 느껴지는지 물어보세요. 무엇이 삶을 힘들게 만드는지 어떻게 하면 상황이 나아질 수 있는지 부모님께 물어봐도 좋아요. 더 좋은 방법은 사람들에게 시간이 없어서 미처 시도하지 못한 멋진 제품 개발 아이디어가 있는지 물어보는 거예요. 좋은 아이디어가 있는데도 아무것도 하지 않는 사람이 얼마나 많은지 알게 되면 깜짝 놀랄 거예요.

최고의 조언 2

더 나은 무언가를 만들기

완전히 새롭고 독창적인 해결 방안을 찾을 필요는 없어요. 대부분의 시장은 하나 이상의 새로운 제품과 서비스를 추가로 받아들일 수 있어요. 페이스북은 세계 최초의 소셜 네트워크 서비스가 아니었고, 구글은 세계 최초의 검색 엔진이 아니었다는 사실을 기억해 두세요. 뿐만 아니라 아마존 역시 세계 최초의 온라인 서점이 아니었어요. 그러니 다른 나라나 다른 도시에서 무언가가 뛰어난 성과를 내고 있다면 그것을 좀 더 발전시킬 방법이 없을지 고민해 보세요. 그런 다음 여러분이 사는 나라나 동네에서 그 아이디어를 활용해 보세요.

하지만 아이디어가 떠올랐을 때 어떻게 해야 할까요? 그 아이디어가 좋은 것인지 어떻게 확인할 수 있을까요? 다음 페이지에서 확인해 볼까요?

과연 좋은 아이디어일까요?

항상 비즈니스 아이디어를 갖고 있는 사람이 있어요. 그중 어떤 것을 포기하고 어떤 것을 발전시킬지 파악하기는 쉽지 않아요. 비즈니스 아이디어가 떠올랐을 때 모든 노력을 쏟아붓기 전에 그 아이디어가 정말로 괜찮은지 평가하는 것이 중요해요.

얼마나 괜찮은 아이디어인지 가장 쉽게 검증하는 방법은 자신에게 몇 가지 중요한 질문을 던져 보는 거예요. 그 질문에 답하다 보면 반드시 알아 둬야 할 중요한 내용을 모두 파악할 수 있어요.

과연 좋은 비즈니스 아이디어일까요?

왜?

왜 이 일을 하려는 건가요?
무언가에 대해서 열정을 갖고 있으면 성공 가능성이 커져요. 단순히 돈을 벌기 위한 것이어서는 안 돼요.

플로우 하이브를 설립한 시더 앤더슨은 꿀벌에 열정을 갖고 있었어요. 전 세계에서 벌이 사라지고 있고, 앤더슨은 이런 상황을 되돌리고 싶어 했어요.

어떤 문제를 해결하고 있나요?

해결하려는 문제가 무엇인지 한 문장으로 적어 보세요. 만약 그럴 수 없다면 여러분이 공략하려는 고객들 역시 그 문제가 명확하다고 여기지 않을 거예요.

시더 앤더슨은 꿀벌을 키우는 양봉 농가에서 자랐어요. 앤더슨의 아버지는 꿀을 모으려고 벌집을 열었다가 잔뜩 스트레스를 받은 벌에 쏘이곤 했어요. 스트레스 때문에 벌떼 전체가 질병에 걸리기도 했죠. 앤더슨은 '벌집을 열지 않고도 곧장 꿀을 얻을 수 있습니다'라는 약속과 함께 플로우 하이브를 만들었어요.

무엇?

누구를 위해서 이 문제를 해결하는 건가요?

잠재 고객을 찾아내 여러분과 같은 어려움을 느낀 적이 있는지, 만약 그렇다면 어떤 해결 방안을 생각해 본 적이 있는지 물어보세요.

누가?

전문 양봉업자들은 플로우 하이브가 말도 안 되는 아이디어라고 생각했어요. 하나의 벌집에서 얻을 수 있는 꿀 양이 줄어들지도 모른다고 걱정했거든요. 하지만 아마추어 양봉업자들은 앤더슨의 아이디어를 매우 좋아했어요. 꼭지를 틀면 꿀이 나오고 보통 꿀을 채취할 때 발생하는 문제는 없으니 꿀 양이 좀 줄어드는 게 무슨 문제냐는 입장이었죠. 고객과의 대화 끝에 앤더슨은 **아마추어 양봉업자**들을 목표로 삼기로 했어요.

현재 경쟁 상대들은 이 문제를 어떻게 해결하고 있나요?

가장 알아내기 어려운 부분일 수도 있지만 경쟁 상대에 대해 확인해 봐야 해요. 사람들에게 물어볼 수도 있을 거예요. 하지만 사람들은 대개 이미 해결 방안이 있다는 사실을 잘 모를 거예요. 그러니 인터넷에 접속해 이미 존재하는 해결 방안과 경쟁 상대에 대해 조사해 보세요.

어떻게?

플로우 하이브는 독창적인 아이디어였어요. 플로우 하이브가 등장하기 전에는 양봉업자들은 수백 년 동안 사용되어 온 기법을 활용하고 있었거든요.

얼마나 많은 이윤을 낼 수 있을까요?

비즈니스를 계획할 때는 처음부터 숫자에 대해 생각해 보는 것이 좋아요. 제품을 만드는 데 드는 비용과 사람들이 기꺼이 지불할 것으로 예상되는 금액을 모두 계산해 봐야 해요. 그렇게 하면 물건을 하나 팔 때마다 얼마의 이윤이 생기는지 계산할 수 있어요.

판매량에 따라 비용이 달라진다는 사실을 기억해 둬야 해요. 판매량이 어떻건 바뀌지 않는 '고정' 비용이 있고, 판매량에 따라 달라지는 '변동' 비용이 있어요.

이윤?

가치 있는 비즈니스일까요?

일단 비즈니스가 자리 잡고 나면 계속 회사를 운영해 돈을 벌 생각인가요? 혹은 언젠가 회사를 팔 건가요? 언젠가 원하는 사람에게 회사를 팔아 재산을 늘릴 수 있도록 비즈니스에 가치를 더하는 것이 좋아요.

앤더슨은 플로우 하이브에 뜨거운 열정을 갖고 있어요. 회사를 팔 생각 같은 건 하지 않아요. 하지만 마음이 바뀌면 언제든 팔 수 있어요. 훌륭한 아이디어를 지켜줄 특허를 갖고 있고, 전 세계적으로 알려진 브랜드로 무장한 수익성 있는 비즈니스를 만들어 냈으니까요.

플로우 하이브의 경우, 하나의 특수 벌집을 만드는 데 들어가는 재료 같은 변동비는 상당히 낮았어요. 하지만 플라스틱 벌집을 계속 만들기 위한 틀 제조 비용 같은 고정비는 상당히 많이 들었어요. 벌집 생산용 틀을 하나 만드는 데 4만 파운드가 들 정도였어요. 플로우 하이브가 손해를 보지 않으려면 많이 팔아야만 했죠. 그래서 앤더슨이 클라우드 펀딩인 인디에고고의 문을 두드렸던 거예요. 지금까지 전 세계에서 4만 개가 넘는 플로우 하이브가 판매됐고, 틀을 만드는 데 들어간 비용은 벌집 1개당 1파운드가 채 되지 않는 수준으로 내려갔어요!

비즈니스 아이디어를 철저히 검증하고 성공 가능성이 높다고 판단했다면, 이제 어떻게 해야 할까요? 아이디어를 효과적으로 활용하려면 어떻게 해야 할까요?

비즈니스 아이디어 테스트

비즈니스를 시작하는 가장 좋은 방법은 비즈니스를 하나의 거대한 실험으로 생각하는 거예요. 다시 말해서, 아이디어를 단계별로 테스트해 결과가 긍정적일 때만 계속 추진해야 해요. 그렇다면 비즈니스 아이디어 테스트의 첫 단계는 무엇일까요?

비즈니스 아이디어가 제품을 판매하는 것이건 서비스를 판매하는 것이건 목표 고객을 대상으로 아이디어를 테스트할 수 있는 수준에 도달해야 해요. 이를 위해서는 **최소 기능 제품(MVP, minimum viable product)**이 필요해요. 아이디어의 핵심을 잘 담고 있는 가장 기본적인 형태의 제품 말이에요.

기본적인 기능만 갖춘 제품에서 시작해도 괜찮아요

십대 기업가 팔머 럭키 이야기를 다시 떠올려볼까요?(70쪽 참조) 팔머는 부모님 댁 차고에서 가상 현실 헤드셋을 개발하고 있었어요. 틀림없이 사람들이 VR 헤드셋을 좋아할 거라고 생각하면서요.

하지만 한 가지 문제가 있었어요.

VR 헤드셋을 만들 돈이 없었거든요. 그래서 팔머는 사람들이 VR 헤드셋을 좋아할지 알아보기 위한 실험을 진행했어요. 사람들의 반응을 알아보려면 최소 기능 제품을 만들어야 했죠.

팔머는 맨 처음 생각했던 것보다 기능이 적은 제품을 판매하는 방법을 떠올렸어요. 사용자가 직접 만들 수 있도록 구성된 키트를 판매하면 생산 비용은 낮추면서도, 여전히 VR 헤드셋이 어떤 것인지 사람들에게 알릴 수 있을 테니까요.

하지만 여전히 비용이 저렴하지 않았어요.

결국 팔머는 키트조차 필요 없다는 사실을 깨달았어요! 어떤 제품을 만들 계획인지 보여주는 동영상만으로도 아이디어를 전달하기에 충분했으니까요.

팔머는 "내게 300달러를 주면 키트를 만들어 볼게요"라고 이야기했죠. 그러자 무려 1만여 명에 달하는 사람이 돈을 내놓았어요.

거대 기업은 어떻게 생겨날까요

세계 최대 규모의 기업들도 이런 식으로 생겨났답니다. 예를 들면, 파일 공유 서비스 드롭박스(Dropbox)는 기능을 보여주는 하나의 동영상에서 출발했어요. 드롭박스를 설립한 사람들은 회사 홈페이지를 만들기도 전에 사람들에게 가입을 요구했어요.

아마존은 원래 책을 팔기 위해 세워진 회사였어요. 4년 후, 아마존이 제공하는 편의성과 신뢰성을 고객들이 매우 높이 평가한다는 사실을 깨달은 베이조스는 다른 제품도 팔기 시작했죠.

베이조스는 블루 오리진(Blue Origin)이라는 우주 기업을 키우고 있어요. 2021년, 베이조스는 최소 기능 제품을 시험했어요. 블루 오리진이 발사한 우주선이 우주의 경계라 불리는 곳까지 날아가 10분 동안 성공적인 비행을 끝낸 후 되돌아온 거죠. 블루 오리진이 어떻게 성장해 나갈지는 계속 지켜봐야겠죠.

최소 기능 제품 개발은 실험의 첫 단계일 뿐이에요. 비즈니스를 제대로 운영하려면 아직 해야 할 일이 많아요.

비즈니스 아이디어 구체화

플로우 하이브에 대한 아이디어를 아이디어 구체화 벨트에 넣어볼까요? 최소 기능 제품을 **제작해** 얼마나 잘 작동하는지 **측정한** 후 이제 무엇을 해야 할지 **배우는** 과정이에요. 그런 다음 이 과정을 반복해 제품을 개선해 나가는 거죠.

훌륭한 아이디어
꼭지를 틀면 꿀이 나오는 벌집.

측정
관심을 보이는 사람들에게 구독과 댓글을 부탁해요. 그러면 아이디어가 얼마나 매력 있는지 금방 알아낼 수 있어요.

아이디어 → 제작 → 측정 → 학습

제작
플로우 하이브를 직접 만들 필요는 없어요. 벌집에 꼭지를 꽂아 벌꿀을 모으는 벌집 모형을 보여 주는 동영상만으로 충분해요. 동영상을 유튜브에 올려요.

학습
댓글을 읽어 보며 사람들이 무엇을 좋아하고 무엇을 싫어하는지 확인해요. 어떻게 하면 제품의 매력도를 높일 수 있을지 생각해요.

제작
조립 세트를 만들어요. 있던 벌집에 플라스틱 벌집을 넣고 꼭지를 달 수 있도록 해요. 유튜브 채널을 이용해 조립 세트를 적당한 가격에 판 다음 피드백을 받아요.

학습
대량으로 생산하면 비용을 낮출 수 있어요. 앤더슨의 경우, 대량 생산을 위해 인디에고고 같은 크라우드펀딩 플랫폼의 도움을 받았어요. 이런 사이트를 이용하면 저렴한 생산을 위해 투자할 돈을 마련하고 제품을 구입할 고객에게도 접근할 수 있거든요.

제작 → 측정 → 학습

측정
플로우 하이브 조립 세트는 시장에서 피드백을 받아요. 시장은 아이디어를 대환영하지만 조립 세트가 너무 비싸다고 생각해요.

아이디어 구체화 방식을 활용하기 위한 세 가지 비결:

1. **하나의 실험으로 여기세요.** 여러분은 지금 제작-측정-학습으로 이어지는 끝없는 순환 고리 속에 있는 거예요.
2. **완벽함은 잊고 그냥 하세요.** 주저하고 있다면 당장 의심을 벗어 던지고 팔아 보세요.
3. **고객들이 무엇을 중요하게 여기는지 배워 보세요.** 피드백을 발판 삼아 제품을 개발하세요.

아이디어가 있다면 당장 실험에 돌입하세요. 시작하기 전에 알아둬야 할 것은 딱 하나뿐이에요. 정말 좋은 아이디어가 있다면 다른 사람들이 훔쳐가지 못하도록 보호해야 한다는 거예요.

아이디어 보호하기

먼저 아이디어를 법적으로 보호할 필요가 있어요. 특허, 저작권, 상표권, 의장권이 무엇인지 알고 있나요? 혹시 알지 못한다면 관련 용어부터 재빨리 살펴보는 것이 좋아요.

무엇을, 어떻게 보호할까요?

예술 작품 ➡ 저작권
책을 쓰거나 멋진 음악을 만들었다면 걱정할 필요가 없어요. 저작권이 자동으로 보호하거든요. 친구에게 작품 파일을 첨부한 이메일을 보내 두면 언제 만들었는지 쉽게 증명할 수 있죠.

브랜드 ➡ 상표권
비즈니스에 사용할 로고나 브랜드를 만든 후 다른 사람들이 사용하지 않기를 바랄 수도 있어요. 이런 상황이라면 돈을 내고 브랜드를 상표 등록해 다른 사람들이 사용하지 못하도록 막을 수 있어요. 하지만 처음에는 돈을 아끼기 위해 상표 등록을 미뤘다가 진짜 성공할 기미가 보일 때 등록하는 편이 좀 더 나을지도 몰라요.

제품 겉모습 ➡ 의장권
제품 디자인은 어느 정도는 자동으로 보호될 수도 있어요. 하지만 제품 디자인을 등록하면 좀 더 오랫동안 제대로 보호받을 수 있어요. 제품의 겉모습이나 모양, 촉감을 똑같이 모방할 수는 없기 때문에 어느 정도는 마음을 놓아도 좋아요. 의장권을 등록하면 한국에서는 등록일로부터 8년간 독점적으로 사용할 수 있어요.

발명 특허
새로운 제품이나 공정을 발명했나요? 마음을 놓아서는 안 돼요. 새 제품이나 공정을 사람들에게 알리기 전에 특허를 출원해야 해요. 특허를 출원하면 경쟁자들이 20년 동안 여러분의 발명품을 복제할 수 없어요. 에디슨은 전구를 최초로 발명한 사람이 아닌데도 전구에 대한 특허를 신청한 것으로 잘 알려져 있어요. 전구 특허는 1천 개가 넘는 다른 특허와 함께 에디슨이 미국의 갑부 반열에 오르는 데 커다란 도움이 됐죠.

독창적이고 새로운 발명품인가요?

발명을 둘러싼 한 가지 문제는 여러분의 아이디어가 완전히 새로운 것인지 항상 명확하지는 않다는 것이죠. 새로운 무언가를 발명했을지도 모른다는 생각이 들면 어떻게 해야 할까요? 특허를 신청하려면 무엇을 해야 할까요?

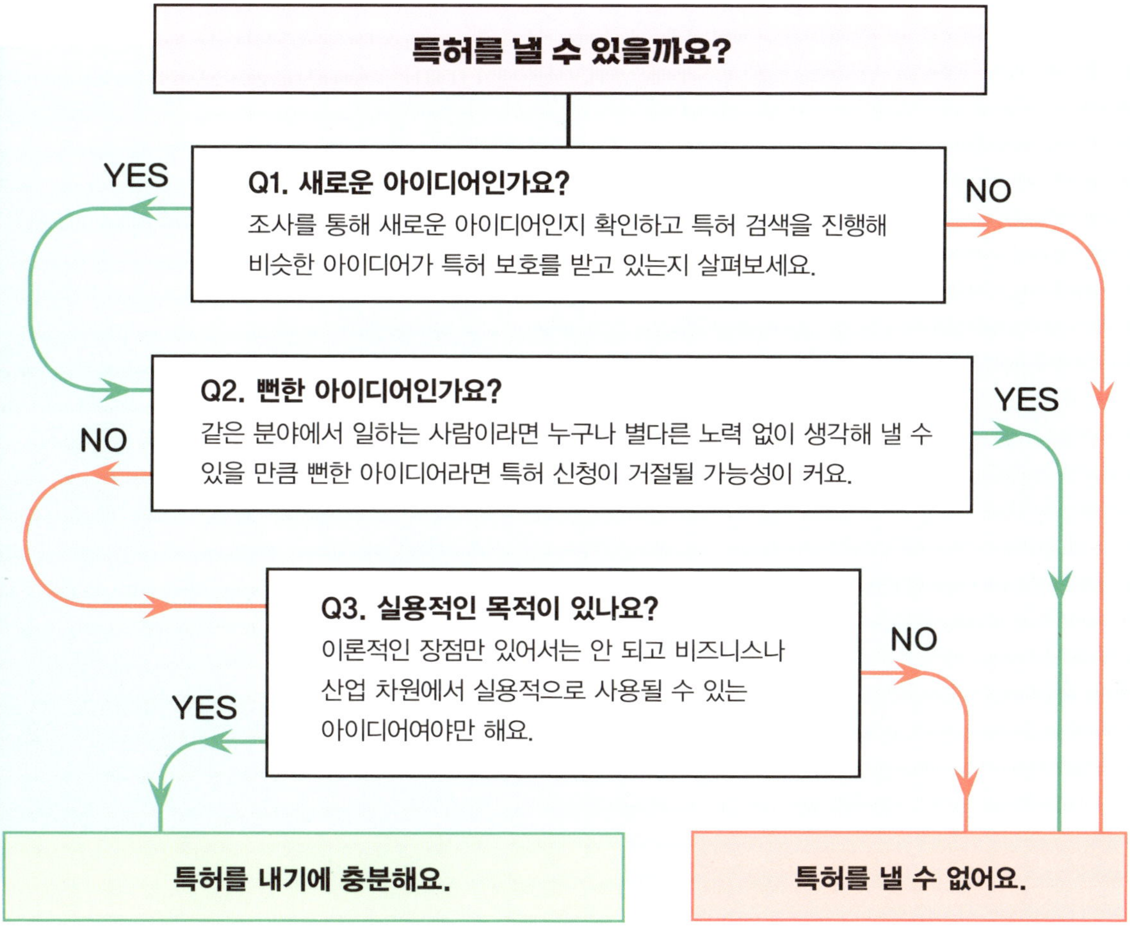

특허를 낼 수 있을까요?

Q1. 새로운 아이디어인가요?
조사를 통해 새로운 아이디어인지 확인하고 특허 검색을 진행해 비슷한 아이디어가 특허 보호를 받고 있는지 살펴보세요.

- YES → 다음
- NO → 특허를 낼 수 없어요.

Q2. 뻔한 아이디어인가요?
같은 분야에서 일하는 사람이라면 누구나 별다른 노력 없이 생각해 낼 수 있을 만큼 뻔한 아이디어라면 특허 신청이 거절될 가능성이 커요.

- NO → 다음
- YES → 특허를 낼 수 없어요.

Q3. 실용적인 목적이 있나요?
이론적인 장점만 있어서는 안 되고 비즈니스나 산업 차원에서 실용적으로 사용될 수 있는 아이디어여야만 해요.

- YES → 특허를 내기에 충분해요.
- NO → 특허를 낼 수 없어요.

새로운 것을 발명했다는 생각이 들면 정부 특허 출원 사이트(한국은 https://www.kipo.go.kr)에서 확인하거나 조언을 구해 보세요. 제품 아이디어를 특허 신청해도 좋을지 확신이 들지 않는다면 아이디어 검토 업체 등에서 정보를 얻고 온라인 검토를 해 보는 것도 좋답니다.

슬기로운 돈 쓰기

돈 쓰기가 두려운 사람들

돈을 벌기는 어렵지만 쓰기는 쉽다고 생각하죠? 그렇지 않아요. 돈이 있으면 기회로 가득한 새로운 세상이 열리지만 이 기회를 잘 활용하려면 돈을 어떻게 쓰면 좋을지 잘 알아야 해요.

어른들은 대개 돈을 버는 법을 배우죠. 재산을 불리는 법을 알려 주는 책도 많아요. 하지만 돈을 효과적으로 사용하는 방법을 알려 주는 곳은 별로 없어요. 사실, 어른들도 실수를 저지르고 돈을 낭비하고 돈 문제에 대한 자신감을 잃는 경우가 많아요.

돈에 대한 걱정이 지나친 나머지 밤잠을 설치는 사람도 있어요. 미국 잡지 〈리더스 다이제스트〉가 전 세계에서 실시한 설문 조사에서 대부분의 나라에서 돈이 스트레스를 유발하는 가장 큰 원인으로 뽑혔다는 사실을 알고 있나요?

사람들이 가장 흔히 저지르는 실수는 없어도 되는 물건, 즉 행복감을 주지 않는 물건을 사느라 돈을 낭비하거나, 사기를 당하거나, 인간이나 동물에게 고통을 주거나 지구에 해가 되는 물건을 사는 거예요.

돈을 쓰는 건 지뢰밭을 걷는 것과 같아요!

하지만 위험을 피해 가면서 돈과 현명하고 성숙한 관계를 만들 수 있다면 원하는 일을 할 자유를 얻을 수 있어요. 그뿐 아니라 돈이 행복을 안겨줄 거예요!

돈이라는 지뢰밭을 헤쳐 나갈 준비가 됐다면 가장 먼저 욕구와 필요를 구분하는 법을 배워야 해요.

욕구와 필요

일반적으로 말하면, '필요(need)'란 살기 위해 꼭 필요한 거예요. 반면, '욕구(want)'는 갖고 싶긴 하지만 상황이 좋지 않으면 없어도 살 수 있는 것이에요.

쓸 돈이 많을수록 필요와 욕구의 관계를 쉽게 관리할 수 있어요. 필요한 걸 다 사도 원하는 것을 살 돈이 충분하니까요. 하지만 돈이 넉넉하지 않거나 여전히 재산을 불리기 위해 노력 중이라면 지출을 결정하기 전에 정말로 필요한지, 그냥 원하는 것인지 충분히 생각해야 해요.

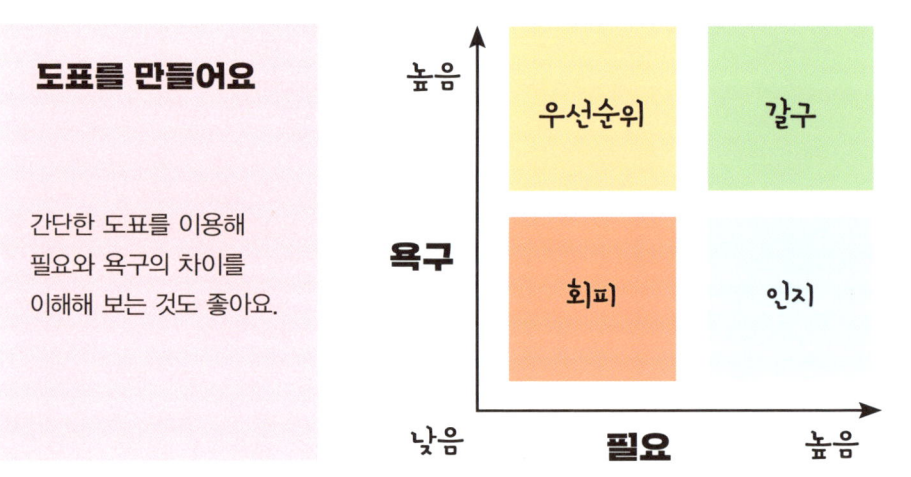

도표를 만들어요

간단한 도표를 이용해 필요와 욕구의 차이를 이해해 보는 것도 좋아요.

간단한 것도 있어요. 숙제 때문에 노트북의 '필요성'이 크고 유튜브 시청을 위해 노트북을 갖고 싶은 '욕구' 역시 높은 편이라면 노트북을 갈구하면 돼요.

오래전에 시작한 잡지 구독같이 필요치도 않고 그다지 원하지도 않는 습관성 지출을 회피할 수도 있어요.

원하지만 필요하지 않은 것 역시 반드시 포기해야 하는 것은 아니에요. 대신, 우선순위를 두고 싶은지 생각해 봐야 해요. 예를 들어 어떻게 하면 새 휴대전화값을 마련할 수 있을지, 그 돈을 벌기 위해 어떤 일을 할 의향이 있는지 생각해 보는 거죠.

그리고 항상 돈을 쓰기 아깝지만 필요한 것들이 있어요. 자전거에 달 조명 같은 거 말이에요. 무언가가 정말로 필요할 때 그런 필요성을 인지하는 것이 매우 중요할 수도 있답니다.

다음 물건들이 반드시 필요한지 그냥 갖고 있으면 좋을 만한 물건인지 고민한 다음 도표에 표시해 보세요.

- 푸들(반려견)
- 팬티
- 축구 경기 정기 입장권
- 책가방
- 페라리 스포츠카
- 한정판 운동화
- 생수

이번에는 조금 어려운 걸 해 볼까요? 가장 최근에 돈을 쓴 세 가지 품목을 떠올린 다음 도표에 각 물품을 표시해 보세요.

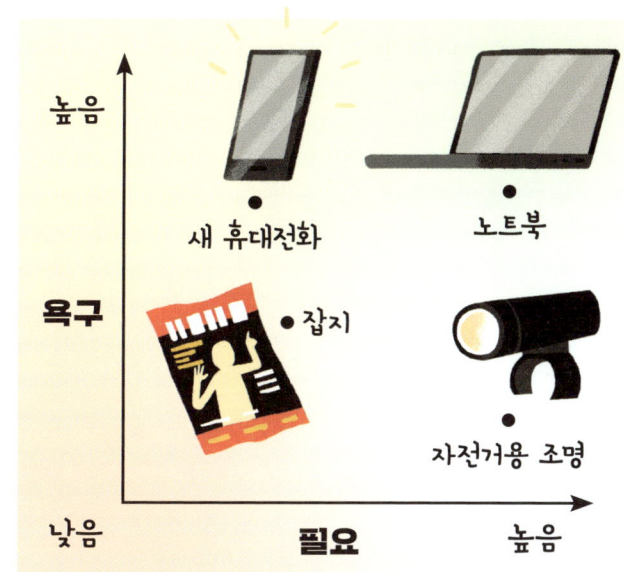

사고 싶은 충동

원하는 것과 필요한 것을 도표에 나타내기가 쉬웠나요? 망설여지는 품목이 있었나요? 무언가를 간절하게 원할 때 정말 솔직한 태도로 그 물건이 갖고 싶긴 하지만 꼭 필요치는 않다는 것을 인정하기는 쉽지 않아요. 하지만 무언가를 갖고 싶은 욕구는 열심히 일하는 원동력이 되기도 해요. 따라서 지금 갖고 있지는 않지만 언젠가 갖고 싶은 것을 갈망하는 것은 좋은 일이에요. 상황이 달라지면 우리의 필요와 욕구도 달라져요. 지금은 중요하게 생각되지만 나중에는 그렇지 않을 수도 있어요.

하지만 여러분이 구매한 것들을 좀 더 자세히 살펴보면 대부분은 필요한 것이 아니라 욕구에 의한 것이라는 사실을 금세 깨닫게 될 거예요. 장기적으로 경제적인 자유를 얻으려면 그런 것을 원하는 이유가 무엇인지 깨닫는 게 중요하답니다.

그렇다면, 우리는 왜 돈을 쓰는 걸까요? **왜 우리는 그런 물건을 구입하는 걸까요?**

무언가를 구입하는 이유

왜 우리는 원래 판매 가격의 2배나 되는 돈을 주고 빈티지 티셔츠를 살까요? 혹은, 전시실 밖으로 나오자마자 값이 떨어질 새 차를 사는 걸까요?

간단하게 답하면 '도파민' 때문이에요. 실험실 쥐가 평생 설탕을 핥아먹으며 사는 것도 같은 이유 때문이죠.

나를 비난하지 마! 도파민 때문이야.

물론 광고나 브이로거, 항상 좀 더 멋진 물건을 뽐내는 학교의 인싸 친구를 탓할 수도 있겠죠. 원하는 물건인데 필요한 물건이라고 자기 자신을 속일 수도 있어요. 하지만 근본적인 원인, 즉 우리의 지출을 유도하는 화학 물질은 도파민이죠.

도파민은 '행복 호르몬'이라고도 불려요. 하지만 실제로는 뇌에서 분비되는 우리를 기분 좋게 만드는 수많은 화학 물질 중 하나일 뿐이에요.

SNS를 확인하거나 좋아하는 음식을 먹을 때마다 도파민이 분비돼요. 무엇보다 중요한 사실은 무언가를 살 때 많은 양의 도파민이 나온다는 거예요. 누군가가 새로 산 물건의 포장지를 뜯는 모습만 봐도 도파민이 분비돼요. (31쪽에서 살펴본 유튜버 에반을 기억하나요? 에반은 자신이 좋아하는 물건을 구독자들이 사도록 만들어 많은 돈을 벌었어요.)

재미있지만 덧없는 호르몬

우리 인간은 도파민이 분비되는 행동을 하도록 진화했어요. 새로움을 추구하는 행동, 즉 인간이 생존하고 번성할 수 있도록 도와주는 행동을 할 때 도파민이 분비돼요. 21세기에 접어들자 인간은 도파민을 얻기 위해 계속 휴대전화를 확인하고 반드시 필요하지 않은 물건을 사느라 돈을 쓰게 됐어요. 우리가 돈을 벌고 성공을 위해 노력하는 것 역시 도파민 때문이에요. 그러니 도파민에는 좋은 면도 있고 나쁜 면도 있어요. 적절한 균형점을 찾는 것이 무엇보다 중요해요.

도파민의 문제는 짧은 순간 행복감을 주고 사라진다는 거예요. 도파민은 '즉시 효과를 내는 행복 호르몬'이고 순식간에 사라져 버려요. 화려한 새 운동화 한 켤레, 새 자동차, 새 집 등 도파민 수치를 높이는 것이 무엇이건 결국은 항상 제자리로 돌아와요. 놀랄 정도로 순식간에 그런 일이 벌어져요.

그러니 도파민이 분비되는 일만 쫓아다녀서는 절대로 장기적인 행복을 얻을 수 없어요.

도파민 효과가 얼마나 오래 지속될까요?

좋아하는 음식
약 10분

새 차
1~2달 정도 하루에 몇 분씩

새 집
몇 달 동안 하루에 몇 분씩

우리가 구매하는 품목의 99%는 우리의 행복에 채 몇 시간도 영향을 미치지 못한답니다.

사회적 압력

다른 사람들이 가진 것을 부러워하며 똑같은 것을 가지면 좀 더 행복해질 거라고 생각할 때가 있어요. 그뿐 아니라, 그런 물건에 뒤따르는 지위를 갈망하고, 사람들의 관심을 원하고, 성공했다는 기분도 느끼고 싶어 해요. 하지만, 자신이 무엇을 갈망하는지, 그 이유가 무엇인지 솔직하게 물어봐야 해요. 구제 티셔츠가 정말로 여러분을 기쁘게 해 주나요? 혹은 그런 티셔츠를 입었을 때 다른 사람들이 보이는 반응이 좋은 건가요? 지금껏 써 온 전화가 정말로 너무 느린 건가요? 그렇지 않으면 새로운 전화를 손에 넣었다는 기쁨을 느끼고 싶은 건가요? 이처럼 주변 사람들이나 집단의 생각이 구성원 개개인에게 미치는 영향을 사회적 압력이라고 해요.

그렇다면, 사회적 압력에 굴복하지 않는 방법이 있을까요? 첫 단계는 간단하게 도파민 효과에 주목하고 무언가를 구매한 후 얼마나 빨리 기쁨이 사라지는지 깨닫는 거예요. 두 번째 단계는 소비와 관련해 자신에게 어떤 약점이 있는지, 그런 소비 습관을 강화시키는 외부 요인을 파악하는 거예요.

행복을 주는 돈

도파민이 우리 뇌에서 분비되는 단기적인 행복을 주는 호르몬이라면, 장기적으로 행복을 안겨 주는 호르몬도 있을까요? 우리를 불행하게 만들기 때문에 피해야 하는 호르몬은 어떤 것일까요?

먼저 불행하게 만드는 호르몬에 대해 생각해 볼까요? 흔히 스트레스 호르몬이라 불리는 코티솔은 우리 몸에 내재된 경보 시스템이죠. 약간의 코티솔은 도움이 돼요. 어떤 행동을 하도록 동기를 부여하거든요. 예를 들면, 시험을 앞두고 있을 때 코티솔 분비가 늘어나면 좋은 성적을 내는 데 도움이 돼요. 하지만 어린이를 포함해 21세기를 살아가는 대부분의 사람은 코티솔 분비가 지나치게 많은 편이라 만성 스트레스에 시달려요.

돈이 어떻게 도움이 될까요

어른이 되면 책임이 늘어나고 충격적인 일이나 위기, 불안한 상황을 자주 겪기 때문에 스트레스도 늘어나요. 충분한 돈이 있으면 스트레스 호르몬, 코티솔이 치솟는 상황을 피할 수 있어요. 예를 들면, 돈이 있으면 아플 때 쉴 수도 있고, 부상을 입었을 때 물리 치료를 받을 수도 있고, 휴대 전화를 도둑맞았을 때 새 전화기를 살 수도 있죠. 결국 이런 상황이 벌어지더라도 걱정할 필요가 없죠.

하지만 그게 전부가 아니에요. 돈이 있으면 여러분을 정말로 행복하게 만들어 주는 일을 할 수 있는 자유도 생겨요. 진정한 행복감을 느끼면 좀 더 나은 쪽으로 뇌를 변화시키는 다양한 호르몬이 분비돼요. 이런 호르몬이 바로 **장기적인 행복 호르몬(long-term happiness hormone)**이에요. 돈 한 푼 들이지 않고 행복 호르몬을 얻는 방법도 많아요. 엄마나 다른 친한 사람과 자주 포옹하면 사랑 호르몬이라고 불리는 옥시토신이 뇌에서 많이 분비돼요. 친구나 가족과 편안하게 식사하는 것도 좋아요. 야외에서 자연과 함께 시간을 보내거나 운동을 할 때도 엔돌핀, 세로토닌, 엔도카나비노이드 같이 행복감을 주는 호르몬 수치가 높아져요.

몰입 상태

하지만 뇌가 다른 어떤 때보다 커다란 행복을 느끼는 상태가 있어요. 심리학자들은 이런 상태를 몰입(flow)이라고 불러요. 몰입이란 어렵지만 자신이 아주 잘하는 일을 할 때 즐거운 마음이 최고조에 달한 상태를 뜻해요. 넋이 빠진 상태나 어떤 일에 완전히 빠져든 순간을 말하는 거죠. 몰입 상태에 빠지면 인생이 즐거워요.

몰입 상태에 도달하려면 어떻게 해야 할까요? 사람들은 저마다 다른 활동을 통해 몰입 상태에 이르러요. 코딩을 할 수도 있고 그림을 그릴 수도 있고 춤을 출 수도 있을 거예요. 하지만 몰입 상태 도달을 보장하는 방법은 딱 하나예요. 열정을 느끼는 무언가를 하는 거죠. 몰입 상태에 도달하도록 도와주는 것이 사업일 수도 있고, 예술 작품일 수도 있고, 화려한 정원일 수도 있고, 만화일 수도 있어요. 한 가지 슬픈 사실은 대부분의 성인은 돈을 버느라 너무 바빠서 무언가에 몰두하지 못한다는 거예요. 하지만 경제적 자유가 있으면 무언가를 할 시간을 얻을 수 있죠.

94 | 슬기로운 돈 쓰기

경제적인 역경을 딛고 일어서는 법

복권에 당첨됐지만 비싼 차를 사거나, 투자에 실패하거나, 질 나쁜 회계사에게 일을 맡겼다가 몇 년 만에 어마어마한 당첨금을 모두 날린 사람이 있다는 이야기를 들어봤을 거예요. 그렇다면 세상에서 가장 똑똑하고 성공했지만 전 재산을 날려 버린 사람 이야기는 들어본 적이 있나요?

힘들게 번 돈을 모두 날린 불운한 부자와 복권에 당첨됐지만 파산한 사람들 사이에는 다른 점이 있어요. 불운한 부자는 두 번째 운이 찾아와 다시 부를 일구는 경우가 많다는 거예요. 실패를 딛고 다시 부자가 된 몇몇 부자의 이야기를 살펴볼까요?

마사 스튜어트
(Martha Stewart)

"열린 마음 없이는 절대 커다란 성공을 이룰 수 없어요."

미국의 여성 기업인 마사 스튜어트는 자수성가해서 억만장자 반열에 오른 미국 최초의 여성이었어요. 하지만, 스튜어트는 2004년에 내부자 거래(일반인들은 접근할 수 없는 내부 정보를 이용해 주식 시장에서 부당하게 돈을 버는 불법적인 거래 방법)로 감옥에 가고 말았어요. 감옥에서 나온 스튜어트는 다시 회사로 돌아와 단 1년 만에 엄청난 이윤을 냈답니다.

제임스 알투처(James Altucher)

"행운은 준비된 자에게만 찾아오죠."

1996년, 제임스 알투처는 리셋(Reset)이라는 웹 디자인 회사를 세웠어요. 2년 후, 알투처는 1천만 달러를 받고 회사를 팔았어요. 하지만 기술 시장에 거품이 잔뜩 끼어 있었던 시기에 바람직하지 않은 투자 결정을 내린 탓에 그 돈을 모두 잃고 말았죠. 알투처는 다시 시작해야만 했어요. 이후 헤지펀드 매니저가 된 알투처는 열심히 일하며 블로거와 팟캐스터 진행자로도 많은 인기를 끌었어요. 2021년이 되자 알투처는 다시 2천만 달러에 달하는 재산을 갖게 됐어요.

시게타 야스미쓰(Yasumitsu Shigeta)

"판단이나 의사 결정이 조금만 늦어져도 곧장 아이디어 자체가 뒤처져 버려요."

일본의 시게타 야스미쓰는 23세에 불과했던 1988년에 휴대전화 회사 히카리 통신(Hikari Tsushin)을 세웠어요. 1999년에는 시게타의 재산이 250억 달러에 이르게 됐어요. 하지만 기술 분야에 거품이 끼어 시장 자체가 급격하게 변하는 탓에 시게타의 재산은 하루에도 무려 50억 달러씩 늘었다가 줄어들곤 했죠. 그 해 말, 일본에서 결국 닷컴 버블이 터져버리자 시게타의 회사는 거의 410억 달러의 돈을 잃게 됐어요. 단 몇 주 만에 엄청난 재산이 사라져 버린 거죠. 어려운 시기를 겪은 시게타는 회사를 다시 일으키기 위해 열심히 일했고 2021년에는 49억 달러의 재산을 가진 일본에서 아홉 번째로 부유한 인물이 됐어요.

다른 사람들의 이야기를 통해 경제적인 파멸을 피하는 법을 배우는 것도 좋지만 그 외에 주의해야 할 점들이 있어요. 누군가에게 피해를 주면서 많은 돈을 쓰곤 합니다. 하지만 다행히도 그걸 막을 방법도 있어요. 한번 살펴볼까요?

윤리적 소비

여러분이 운동화를 사는 데 쓴 돈이 노동자를 착취하는 공장으로 흘러 들어가지는 않았나요? 여러분이 좋아하는 티셔츠를 만드는 공장에서 미세 플라스틱을 바다에 버리지는 않나요? 여러분이 매일 사용하는 로션은 어떤가요? 동물 실험으로 만들어진 것은 아닌가요? 만약 그렇다면 돈을 쓰기 전에 그 돈이 어디로 가는지 먼저 고민해 봐야 할 때인지도 몰라요.

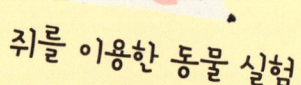
쥐를 이용한 동물 실험

하지만 이건 립밤일 뿐인데?

쓰레기 매립지에 쌓이는 플라스틱

쥐꼬리만한 월급만 받는 공장 근로자

기름을 이용해 중국에서 세계로 운송

용서를 구하기에 앞서 완벽할 수 없다는 사실을 기억하세요. 조금 더 윤리적인 소비를 하기 위해 여러분이 기울이는 모든 노력은 어떤 식으로든 도움이 된답니다. 게다가 이런 과정을 통해 여러분은 돈과 관련한 건전한 결정을 내릴 수 있게 돼요. 생각해 보세요. 중고용품을 사거나 물건을 재사용하면 돈이 덜 들어요. 도움이 될 만한 몇 가지 방법을 소개해 볼게요.

윤리적 소비를 위한 꿀팁

1 덜 사세요
유행하는 옷에 현혹되지 마세요. 되도록 새 옷을 사지 말고 입던 걸 고쳐 입으세요.

2 중고를 사세요
새것을 사지 않아도 돼요. 중고나라나 당근 마켓 같은 사이트에서 중고 물품을 찾아보세요.

3 탄소 배출을 줄이세요
가까운 곳에서 생산되는 농작물을 구매하세요. 해외여행 횟수는 줄이고 체류 기간은 늘려 보세요. 육류 섭취를 줄이는 것도 좋아요.

4 브랜드를 확인하세요
각 패션 브랜드가 얼마나 환경 문제에 관심이 많은지 궁금하다면 굿온유(goodonyou.eco) 같은 앱을 이용해 보세요. 에티컬컨슈머 (ethicalconsumer.org)에서도 다양한 브랜드의 윤리성에 관한 정보를 확인할 수 있어요.

5 빌려 쓰세요
무언가를 사기 전에 빌릴 수 있는지 알아보세요. 여러분이 가진 물건을 빌려주는 것도 좋아요. 다른 사람들이 소비를 줄일 수 있을 테니까요.

6 재사용하세요
재사용 가능한 물병을 사용하세요. 쓰레기를 없애는 데 도움이 되는 방법을 찾아보세요.

7 버리지 마세요
중고 물품을 팔 수 있는 곳들을 찾아보세요. 아름다운 가게, 옷캔, 굿윌 스토어 등에 기부할 수도 있어요.

속지 않는 법

요즘은 온라인 쇼핑을 즐기는 사람이 많아서 클릭과 구매를 유도하는 광고가 넘쳐나죠. 이런 광고가 뜨는 건 인터넷 사용자의 검색 기록을 바탕으로 알고리즘이 작동하기 때문이에요. 그래서 우리가 특정한 제품에 관심을 가지면 해당 제품과 관련된 광고가 많이 뜨는 거예요. 온라인 쇼핑은 쉽고 편리하지만 위험할 수도 있어요.

온라인에서 물건을 살 때는 가게에서 똑같은 물건을 살 때보다 좀 더 주의를 기울여야 해요. 온라인에서 물건을 사면 이후에 문제가 생기더라도 문제를 해결하기가 힘들어요. 심지어 가짜 이메일 주소와 가짜 전화번호를 이용하는 가짜 온라인 매장도 있어요. 사용자들의 돈을 훔치기 위해 만들어진 가짜인 거죠. 온라인에서 쇼핑할 때 주의해야 할 점을 몇 가지 알려 줄게요.

온라인에서 현명하게 쇼핑하는 법

1 잘 알려진 온라인 매장만 이용하고 가능하면 직접 주소창에 사이트 주소를 입력하기보다 검색 엔진을 활용하세요. 직접 주소를 입력하면 조금만 실수해도 엉뚱한 사이트로 넘어가게 되고 실수를 깨닫기도 전에 신용카드 정보와 개인 정보를 엉뚱한 사람에게 넘기는 일이 벌어질 수 있거든요.

2 결제 정보를 비롯한 개인 정보를 온라인에서 공유할 때는 공공 와이파이를 활용해서는 안 돼요. VPN(Virtual Private Network, 가상 사설망)을 이용할 수 있는 경우가 아니라면 온라인 쇼핑은 집에서 하는 것이 좋아요.

3 믿을 수 있는 사이트에서만 자신의 보안 정보를 통해 신용카드 결제를 하고, 사용하지 않은 내역이 문자로 올 경우, 해당 카드 회사에 즉시 전화하여 신고해요. 해외 사이트에서 신용카드로 결제를 한 이후에도 사기, 미배송 같은 타당한 이유가 있으면 차지백 서비스를 이용해 이미 승인된 거래를 취소할 수 있어요.

4 믿을 수 없을 정도로 좋은 제안이 담긴 이메일 사기에 넘어가서는 안 돼요. 사기꾼들은 대개 여러분이 알고 있는 누군가의 이름을 이용하지만 이메일 주소는 달라요. 물론 보낸 사람이 확실치 않을 때는 절대로 첨부 파일을 열거나 링크를 클릭해서는 안 돼요.

5 사기꾼들은 가짜 온라인 사이트를 만들어 낸답니다. 무언가를 사기 전에 다른 구매자들이 작성한 리뷰를 읽어 보세요. 오프라인 매장 위치와 고객 서비스에 관한 정보도 찾아봐야 해요. 판매자에게 직접 전화를 걸어 합법적인 곳인지 확인해 보는 것도 좋아요. 서울시 전자상거래 센터의 사기사이트 정보(https://ecc.seoul.go.kr/)도 활용해 보세요.

사기를 당했다면 어떻게 해야 할까요? 한국에는 사이버 범죄 신고 시스템(https://ecrm.police.go.kr/minwon/main)이 있어요. 사이버 범죄를 신고하면 접수 번호를 줄 거예요. 은행에 사기당한 사실을 알릴 생각이라면 신고 접수 번호가 도움이 될 거예요.

돈을 관리하는 방법

돈을 불리려면 많은 시간과 노력이 필요한 만큼 일단 돈을 불렸다면 최선을 다해서 관리해야겠죠. 아무런 생각 없이 돈을 대하면 순식간에 돈이 사라질 수도 있어요. 돈을 관리하는 한 가지 방법은 자신에게 얼마나 많은 돈이 있는지, 자신이 돈을 어떻게 사용하고 있는지 계속 파악하는 거예요.

무언가를 사지 않고는 배길 수 없다거나 너무 싸서 지갑을 열지 않을 수 없다고 생각한 적이 얼마나 많나요? 어리석은 지출 결정을 내리기가 매우 쉽답니다. 경솔한 지출을 멈추는 최고의 방법은 들어올 돈(수입)과 나갈 돈(지출)을 고려해 계획을 세우는 거예요. 이런 활동을 예산 수립이라고 불러요.

예산을 세우는 방법

가장 먼저 해야 할 일은 자신에게 얼마의 돈이 있는지 적는 거예요. 그런 다음, 매달 얼마의 돈을 벌거나 받게 될지 적어 보세요. 마지막으로, 매달 써야 할 돈을 모두 적어요. (원한다면 주 단위로 적어도 괜찮아요.)

돈을 얼마나 쓰는지 계속 파악하고 있어야 해요. 그래야만 정확히 얼마의 돈이 남아 있는지 항상 알 수 있거든요. 가장 이상적인 것은 매주, 혹은 매달 지출해야 할 돈보다 많은 금액의 돈을 버는 거예요. 그래야 재산을 늘릴 수 있으니까요. 목표는 소득을 올리고 꼼꼼하게 지출을 관리해 매달 조금씩이라도 재산을 불려 나가는 거예요. 비상 사태나 투자 기회가 생길 때를 대비해 여분의 현금을 모으는 것도 좋은 생각이에요.

예산 관리를 위해 도움이 필요하다면 관련 앱을 사용해 보는 것도 좋아요. 경제적으로 안정된 미래를 위해 여러분이 할 수 있는 가장 훌륭한 일 중 하나는 바람직한 돈 관리 습관을 익히는 거예요. 이런 앱들은 경제 지식을 빨리 익히는 데 도움이 된답니다.

완벽한 예산

이상적인 예산 같은 건 없답니다. 사람의 욕구와 필요는 저마다 달라요. 그래서 매주, 혹은 매달 예산을 나눠 쓰는 방식도 다르답니다. 이상적인 예산이란 여러분이 지킬 수 있을 만한 예산인 거죠. 하지만 아직도 어떻게 예산을 세워야 할지 모르겠다면 **50-30-20 모델**을 활용해 보세요. 총소득의 50%는 필요한 데 쓰고, 30%는 원하는 데 쓰고, 나머지는 저축하거나 빚을 갚는 데 쓰는 거죠. 일단 이 방식을 따르다가 필요하면 예산을 수정하면 돼요.

원하는 것을 갖기 위한 지불 방법

어떤 지불 방법을 택할 수 있는지 잘 알고 있으면 돈을 효과적으로 활용할 수 있을 뿐 아니라 돈을 좀 더 잘 관리할 수 있게 됩니다. 어떤 지불 방법이 있는지 알아보고 각 방법의 장단점도 함께 살펴볼까요?

물물 교환 - 아주 전통적인 방식

물물 교환은 돈을 사용하지 않고 자신이 가진 물건을 다른 물건과 교환하는 방식이죠. 대개 값어치가 비슷한 물건을 서로 교환하게 돼요. 지금처럼 돈이 널리 사용되지 않았던 선사시대에는 물물 교환이 매우 흔했어요. 요즘은 물물 교환이 흔치 않지만 여전히 물물 교환이 가능할 때도 있어요. 만약 여러분에게 다른 누군가가 원하는 물건이 있고 그 사람에게는 여러분이 원하는 물건이 있다면 바꾸면 돼요. 얼마나 많은 돈을 절약할 수 있을지 생각해 보세요.

현금이 최고일까?

현금의 장점은 언제든 쉽게 사용할 수 있다는 거죠. 예를 들어, 주식이나 부동산에 많은 돈을 투자했다면 팔아야만 돈을 쓸 수 있어요. 현금을 쓰면 가진 것보다 많은 돈을 쓰게 될 위험도 없고요. 하지만 현금에도 물론 위험이 있어요. 현금에는 도난이나 분실 위험이 있어요. 만약 이런 일이 실제로 벌어지면 돈을 되찾기가 매우 힘들어요. 사실 불가능에 가까워요. 신용카드를 사용하면 사기를 당했을 때 돈을 돌려받을 가능성이 있지만 물건이나 서비스에 대한 대가를 현금으로 지불한 후 계약서나 영수증을 받지 못했다면 문제가 생겼을 때 돈을 되찾을 가능성은 낮아요. 뿐만 아니라, 사용 기간이 길어질수록 현금은 지저분하고 세균 덩어리가 돼서 들고 다니기 불편할 수도 있어요.

카드 결제

직불카드, 신용카드, 선불카드 같은 카드는 들고 다니기 쉽죠. 해외에서도 사용 가능하기 때문에 굳이 해외에서 쓸 돈을 바꾸지 않아도 돼요. 게다가, 카드로 무언가를 구매하면 사기를 당할 위험도 줄어들어요. 하지만 카드는 진짜 돈처럼 느껴지지 않기 때문에 필요한 것보다 많이 쓰게 될 가능성이 커요. 현금을 건네는 것은 항상 카드를 주는 것보다 훨씬 더 힘들어요. 그래서 과소비 습관이 있는 사람에게는 신용카드가 문제가 될 수 있어요. 직불카드나 선불카드를 사용하면 은행 계좌나 가상 계좌에서 곧장 돈이 빠져나가지만 신용카드는 그렇지 않다는 사실도 기억하세요. 카드는 감당할 수 있는 것보다 더 많이 쓰게 될 위험이 있지요.

신용카드의 위험

1. 매달 결제 금액 전액을 갚지 못하면 갚지 못한 금액에 대한 이자가 발생해요. 보통 신용카드 연체 이자율은 연 20%에 가까울 정도로 매우 높답니다. 다시 말해서, 갚지 못하는 금액이 늘어날수록 갚기가 더욱 힘들어져요.
2. 신용카드 대금을 제때 갚지 못하면 신용등급이 나빠질 수도 있어요. 다음번에 차나 집을 사기 위해 돈을 빌려야 할 때 기업들은 신용등급을 보고 얼마나 돈을 빌려줄지 결정해요. 신용등급이 나빠지면 나중에 돈을 빌릴 때 더 많은 이자를 내야 할 수도 있고 아예 돈을 빌리지 못할 수도 있어요. 신용등급이 한 번 내려가면 나이가 들어도 계속 불편한 일을 겪게 돼요.
3. 해외에서 카드를 쓰면 거래를 할 때마다 온갖 수수료가 붙어요. 연회비가 높은 신용카드도 있답니다.

모바일 결제

휴대전화 결제 방식이 처음 인기를 끈 곳은 케냐, 방글라데시 등 ATM이 도시에만 있는 가난한 나라였어요. 휴대전화를 이용한 결제, 즉 삼성 페이나 애플 페이 등은 이제 전 세계에서 널리 사용되고 있어요. 이 결제 방식의 유일한 단점은 은행 계좌가 필요하다는 거예요. 하지만, 결국은 휴대전화 결제 방식이 신용카드와 직불카드를 이용한 결제를 모두 대신하게 될 거예요. 휴대전화를 이용한 결제가 좀 더 쉽고 편리하기 때문이에요.

암호화폐

암호화폐는 사람들이 온라인 시스템을 통해 서로 직접 결제할 수 있도록 지원하는 디지털 화폐예요. 암호화폐 사용은 여전히 상당히 제한적이에요. 하지만 일부 전문가들은 미래에는 암호화폐가 널리 사용될 수 있다고 믿어요. 가장 널리 알려진 암호화폐는 2008년에 시장에 등장한 비트코인이에요.

많은 사람들이 암호화폐를 좋아하는 이유는 한 나라의 중앙은행이 직접 인쇄하고 통제하는 명목화폐(fiat currency)와 달리 암호화폐는 그 누구의 통제도 받지 않기 때문이죠. 암호화폐에는 법으로 정해진 '고정된 값'이 없기 때문에 암호화폐의 가치는 사람들이 얼마를 내고자 하는가에 달려 있어요. 그래서 암호화폐는 위험성과 변동성이 큰 자산이에요. 그렇지만 무언가를 사고팔기 위해서가 아니라 투자 목적으로 암호화폐를 구입하는 사람이 많답니다. 이런 투자를 대개 암호화폐 거래라고 불러요.

비트코인 거래

10여 년 전에 처음 등장한 이후 비트코인의 거래 가격은 상당히 큰 변동을 보여 왔어요. 초창기의 비트코인은 아주 싼 값에 거래됐어요. 비트코인 가격은 2017년에는 2만 달러까지 치솟았으나 2년 후에는 7,100달러까지 폭락했어요. 2024년 초에는 비트코인 가격이 7만 2천 달러를 돌파했답니다.

은행 계좌를 만드는 법

저금통이 꽉 찼다면 현금을 어디에 보관해야 할까요? 답이 너무 쉽죠? 은행에 갖고 가야 해요! 은행에 저금한 돈이 있다는 것은 은행 계좌가 있다는 뜻이에요.

은행 계좌를 사용하는 이유

은행으로 옮겨뒀다면 여러분의 돈은 안전해요. 은행은 매우 안전한 금고에 돈을 넣어 두고 뛰어난 컴퓨터 시스템을 활용해 해커들이 온라인상에서 돈을 빼내지 못하도록 하거든요. 일단 은행 계좌를 만들었다면 은행이 여러분의 돈이 들어오고 나가는 현황을 입출금 내역서에 기록해 둘 거예요.

입출금 계좌를 만들면 대체로 계좌에 있는 돈을 쓸 수 있는 직불카드를 받게 돼요. 직불카드를 이용해 무언가를 사고 돈을 낼 수도 있고 ATM에서 돈을 인출할 수도 있어요. 휴대전화에 앱카드 형태로 직불카드를 저장해 둘 수 있다면 휴대전화로도 돈을 낼 수 있지요.

저축 계좌에 돈을 넣어 두면 이자가 붙어요. 이자란 은행이 저축된 금액을 기준으로 일정한 비율만큼 추가로 주는 돈을 말해요. 은행도 일종의 사업이기 때문에 여러분이 맡겨 놓은 돈을 투자해서 돈을 번다는 사실을 잊어서는 안 돼요. 그러니, 사람들이 맡겨 놓은 돈을 사용하는 대가를 사람들에게 돌려 주는 것이 당연하죠.

은행 수수료

현금 인출기에서 돈을 뽑거나 해외에서 돈을 받거나 해외로 돈을 보낼 때 수수료가 발생할 수도 있어요. 예상치 못한 돈을 내고 기분이 나빠지는 일을 막으려면 계좌를 만들 때 어떤 경우에 수수료가 발생하는지 미리 확인하는 것이 좋아요.

수수료를 절약하는 법

1. ATM기가 거래하는 은행 것인지 다른 은행인지 확인해야 해요.
2. 온라인 뱅킹이나 모바일 뱅킹을 이용하면 수수료가 더 저렴한 경우가 많아요.
3. 보통 '마이너스 통장'이라고 부르는 한도 대출 통장을 개설하면 통장에 돈이 없어도 일정 한도까지 흔행 돈을 빌려 쓸 수 있어요. 이 경우, 계좌에 남은 금액을 잘 살펴봐야 해요. 자기 돈보다 많은 금액을 빼서 쓰면 이자와 수수료를 내야 하거든요.

은행 계좌 종류

입출금 계좌가 있으면 언제든 필요할 때 돈을 쓸 수 있기 때문에 편리해요. 입출금 계좌에 돈을 넣어 두고 받는 이자는 가장 낮은 편이에요. 사실, 입출금 계좌는 거의 '무이자' 계좌라고 봐야 해요.

저축 계좌는 좀 더 오랫동안 돈을 맡겨둘 수 있는 계좌예요. 비상시에 사용할 자금을 모으거나 돈을 불려서 값비싼 무언가를 사기 위해 저축 계좌에 돈을 넣어 두는 사람이 많아요. 저축 계좌 이자율은 입출금 계좌 이자율보다 조금 높은 편이에요.

정기 예금은 대개 보통의 저축 계좌보다 이자율이 높아요. 오랫동안 돈을 넣어 두고 불릴 때 정기 예금을 사용하면 돼요. 당장 사용하지 않아도 되는 돈이 있다면 정기 예금에 넣어 두고 야무지게 이자를 챙겨 보세요.

이자 계산법

맥스 은행이라는 곳에서 입출금 계좌에 예치된 돈에는 연간 1.5%, 정기 예금에 들어 있는 돈에는 연간 4%의 이자를 준다고 상상해 보세요. 입출금 계좌와 정기 예금에 각각 100만 원씩 넣어두면 1년 후에 얼마의 이자를 받게 될까요?

입출금 계좌

100만 원 X 0.015
= 1만 5천원

정기 예금 계좌

100만 원 X 0.04
= 4만 원

환율이 뭘까요?

엘리는 홍콩에 물건을 팔고 홍콩 달러로 돈을 받는 기업가예요. 영국 은행 계좌에 입금된 홍콩 달러를 사용하려면 영국 파운드로 바꿔야 해요. 엘리는 다른 나라들과도 많은 거래를 할 계획이기 때문에 통장에 들어 있는 외화를 원할 때 영국 파운드로 바꿀 수 있는 외화 통장을 활용하는 것이 좋아요. 환율은 항상 바뀌기 때문에 제대로 이해하는 것이 중요해요.

환율은 다른 나라의 돈과 비교한 화폐의 가치를 뜻해요. 환율은 항상 바뀐답니다.

엘리의 입장에서 보면 홍콩 달러 가치가 높을 때 영국 파운드로 바꾸는 것이 가장 이상적이에요. 그래야 똑같은 액수의 홍콩 달러를 내고도 좀 더 많은 영국 파운드를 받을 수 있으니까요.

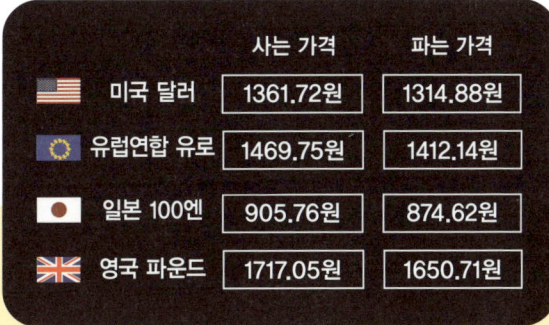

*환율은 살 때와 팔 때 기준이 달라요.

환율에 대해 알아봐요

맥스 은행은 한국 돈 1,000원에 대해 다음과 같은 환율을 적용해요.

	6월	7월
호주 달러	1.14	1.25
캐나다 달러	1.01	1.09
중국 위안	5.39	5.64
체코 코루나	17.69	18.47
덴마크 크로네	5.18	5.45

한국의 돈을 내고 얼마를 받을 수 있을지 계산하려면 각 통화 옆에 적힌 숫자를 곱하고 1000으로 나누면 돼요. 예를 들면, 6월에 1,000원을 바꿨다면 1.14 호주 달러를 받았겠죠.

그렇다면, 120,000원을 중국 위안으로 환전하면 얼마를 받게 될까요? 덴마크 크로네와 바꾼다면 6월이나 7월 중 언제 바꾸는 게 나을까요?

위조 화폐

돈이 처음 사용되기 시작한 이후 범죄자들은 줄곧 불법적으로 돈을 복제하려고 시도해 왔죠. 이런 시도가 성공한 적도 있었고요. 이런 행위를 화폐 위조라고 불러요. 화폐 위조는 경제에 매우 나쁜 영향을 미쳐요. 진짜 화폐의 가치를 떨어뜨리기 때문이죠. 가장 흔히 위조되는 것은 지폐예요. 세계 각국에서 돈을 찍어 내는 조폐국들은 위조범들이 가짜 돈을 만들어 내지 못하도록 좀 더 정교한 장치를 마련해 왔어요.

위조 지폐를 구분하는 방법

중앙은행에서 발행한 모든 지폐에는 일련번호가 있어요. 은행이 지폐가 진짜인지 판단하기 위해 가장 간단하게 사용하는 방법이 바로 일련번호예요. 은행은 '통화 확인 처리 기계(Currency Verification and Processing Machines, CVPS)' 같은 정교한 도구를 이용해 숫자가 정확하고 지폐가 진짜인지 확인해요. 하지만 우리 같은 일반인에게도 지폐가 진짜인지 확인할 방법이 있어요.

워터마크
불빛에 비췄을 때 지폐 양쪽 끝에 워터마크가 표시되도록 만들어진 지폐가 많아요.

색변환 잉크
지폐를 살짝 기울였을 때 색깔이 변하는 잉크를 찾아보세요. 미국에서 사용하는 100달러짜리 지폐에는 구리색에서 초록색으로 변하는 잉크통이 있어요.

은선
지폐에 투명한 세로선이 끼워져 있는 경우가 많아요. 불빛에 비췄을 때만 보이는 이 선에는 지폐의 액면가가 새겨져 있어요. UV 불빛을 비추면 빛을 내요.

3D 홀로그램
일부 지폐에는 홀로그램 이미지가 들어 있어요. 지폐를 앞뒤로 움직이면 일부 이미지가 좌우로 움직여요. 그런 다음 지폐를 좌우로 움직여 보면 이미지가 위아래로 움직여요.

지폐를 만들 때 이렇게 많은 기술이 사용된다면, 1달러 지폐를 만들 때 1달러보다 더 많은 돈이 들 수도 있어요. 하지만 다행스럽게도 1달러 지폐를 만드는 데 드는 비용은 1달러보다 적답니다.

뛰어난 위조범

2008년, 프랭크 부라사(Frank Bourassa)라는 캐나다 사람이 30만 달러어치의 재료를 구입해 20달러짜리 미국 지폐를 2억 5천만 달러어치 찍어 내는 사건이 벌어졌어요. 개인이 주도한 지폐 위조 사건 중에는 최대 규모였지만 2012년에 체포된 부라사는 놀랍게도 단 6주간 감옥 생활을 한 후 풀려났어요.

기부:
멋지게 돈을 쓰는 방법

사람들은 온갖 이유로 기부를 해요. 습관적으로 기부하는 사람도 있고 종교적인 의무 때문에 기부하는 사람도 있어요. 살면서 겪었던 일 때문에 특정한 단체에 기부하는 사람도 있죠. 예를 들면, 집 없이 거리에서 전전한 적이 있었던 사람이 노숙자를 위해 기부하기도 하고, 질병으로 고통받았던 사람이 치료제를 연구하는 단체를 후원하기도 해요.

자선 단체에 기부하거나 자선 활동을 하는 사람들이 더 행복하다는 사실을 알고 있나요? 이런 사람들이 좀 더 장수하는 편이기도 해요. 어쩌면 세계 최고의 부자인 빌 게이츠와 워런 버핏이 이 사실을 알고 재산을 내놓기로 한 건지도 모르죠. (118쪽 참조.)

아직 기부가 좋다는 확신이 들지 않나요? 일본에서 자원 봉사자들의 뇌를 검사한 결과 돈을 받을 때보다 돈을 줄 때 뇌의 쾌락 중추와 보상 중추가 좀 더 강한 자극을 받는다는 사실이 밝혀졌어요.

직접 기부해 볼까요?

다른 사람을 도울 때 찾아오는 행복감을 직접 느껴보는 건 어떨까요? 어떤 활동에 후원할지 어떻게 결정해야 할까요? 기부하기로 마음먹었다면 먼저 어떤 기부 이유가 중요하게 느껴지는지 생각해 봐야 해요.

어떤 곳에 기부해야 할까요?

가장 가슴에 와닿는 일

개인적으로 가슴에 와닿는 활동을 찾아보세요. 할머니 할아버지가 노인 문제 연구 단체의 도움을 받은 게 마음에 남았을 수도 있고, 지구나 야생 동물에 관심을 가질 수도 있고, 개도국의 교육에 관심이 많을 수도 있을 거예요. 관심 있는 활동 세 가지를 적어 보세요.

사회적으로 중요한 문제를 해결하기 위해 노력하는 곳

수백만 명에게 도움이 될 만한 일을 하는 단체를 후원하는 것도 좋아요. 예를 들면, 말라리아 때문에 30초마다 한 명의 어린이가 세계에서 목숨을 잃어요. 만약 말라리아 퇴치 재단을 후원한다면 아이들의 삶에 커다란 영향을 미칠 수 있어요.

틀림없이 영향을 미칠 수 있는 곳

이미 변화가 나타나고 있는 분야를 택한다면 여러분의 기부가 즉각적인 결과로 이어질 수도 있어요. 예를 들면, 이미 깨끗한 물을 얻는 데 어려움이 있는 수백만 명의 사람들을 도울 수 있는 간단한 기술이 존재해요. 깨끗한 물을 공급하는 데 주력하는 자선 단체는 기부금을 이용해 손쉽게 깨끗한 수돗물과 화장실을 제공할 수 있어요.

덜 알려진 곳

여성과 동물을 돕는 자선 단체에는 이미 많은 기부금이 몰리고 있어요. 어쩌면 절실하게 돈을 필요로 하는 덜 알려진 곳을 선택하는 것이 좋을 수도 있어요. 잘 알려지지 않은 자선 단체들은 기부금을 모으기 위해 훨씬 많이 노력해야 해요. 그러니 여러분이 내놓은 기부금이 효과적으로 사용될 가능성이 큽니다.

효과적인 기부금 활용

자선 단체마다 기부금을 사용하는 방식이 다르다는 사실을 알고 있나요? 자선 단체의 효율성을 평가하는 비영리단체 기빙왓위캔(givingwhatwecan.org)은 일부 자선 단체가 다른 단체들보다 몇십, 몇백, 몇천 배나 효과적으로 기부금을 사용한다고 밝혔어요. 그러니 여러분이 지지하는 활동을 선택해야 할 뿐 아니라 여러분이 낸 기부금으로 가장 큰 변화를 만들어 낼 자선 단체가 어디인지 파악하는 것도 중요해요.

예를 들어, 개도국에 사는 빈곤층 어린이들의 출석률을 높일 수 있도록 100파운드를 기부한다고 생각해 볼까요? 한 자선 단체는 기부금으로 장학금을 주고 다른 자선 단체는 기부금으로 아이들에게 구충제를 제공해 기생충을 없애는 활동을 해요.

어떤 단체에 기부금을 내야 아이들이 좀 더 오랫동안 학교에 다닐 수 있을까요?

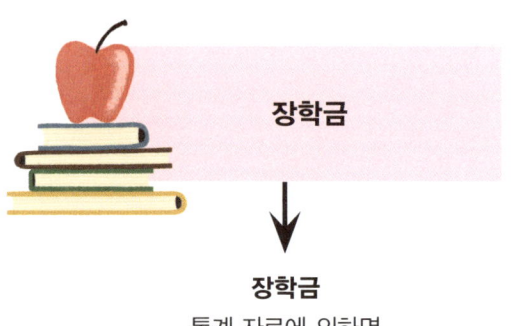

장학금 과

구충제

↓

장학금
통계 자료에 의하면 100파운드의 성적 장학금을 제공하면 약 70일간 학교에 출석할 수 있어요.

↓

기생충 치료
학생들에게 기생충 치료제를 제공하는 비영리단체 SCI 재단(SCI Foundation)에 100파운드의 기부금을 내면 학생들이 대략 20년 동안 추가로 학교에 다닐 수 있어요. 질병으로 인한 결석이 줄어들기 때문이에요.

뿐만 아니라, 기생충 예방 및 치료 프로그램은 유아 사망률 감소, 건강 개선에 도움이 되고 평생 소득을 1천 파운드 이상 늘리는 데 도움이 돼요.

현명한 선택

어떤 활동을 후원할지 결정했다면 여러분이 선택한 활동을 하는 자선 단체 세 곳을 찾아보세요. 세 자선 단체가 어떤 활동을 하는지 웹사이트를 살펴보세요. 인터넷에서 각 자선 단체의 '영향 보고서'도 찾아보세요. 영향 보고서를 읽어 보면 각 단체가 기부받은 돈으로 정확하게 어떤 일을 하는지 확인할 수 있어요. 그래도 확신이 들지 않는다면 기빙왓위캔, 기브웰(givewell.org), 파운더스플레지(founderspledge.com) 같은 평가 사이트들에서 각 자선 단체의 영향 점수와 함께 각 단체가 얼마나 효과적으로 돈을 활용하는지 확인할 수 있어요.

세상에서 가장 가난한 사람들을 돕는 3개의 단체에 매달 6파운드씩 1년 동안 기부한다면 각 단체로부터 도움을 받는 사람들의 수명에 어떤 영향을 미치게 될까요?

뉴인센티브 (New Incentives)

나이지리아에서 예방 접종 프로그램을 운영해요.

72파운드면 두 가정의 자녀들이 예방 접종을 할 수 있어요.
수명이 1.5년 늘어나요!

말라리아 퇴치 재단 (Against Malalria Foundation)

말라리아 발병률이 가장 높은 지역에 방충망을 제공해요.

72파운드면 20개의 방충망을 전달할 수 있어요.
수명이 1년 늘어나요!

헬렌 켈러 재단 (Helen Keller International)

전 세계에서 실명을 예방하고 영양 실조를 막기 위해 노력해요.

72파운드면 90통의 비타민 A 보충제를 제공할 수 있어요.
수명이 2년 늘어나요!

직접 찾아보세요

직원들을 관리하거나 기부금을 모으는 데 드는 비용이 가장 적다고 주장하는 자선 단체에 돈을 내고픈 마음이 들 거예요. 하지만 연구를 통해 이런 자선 단체의 영향력이 가장 낮다는 사실이 밝혀졌어요. 자선 단체들이 기부받은 돈으로 어떤 성과를 거뒀는지 찾아보는 게 좋을 거예요. 가장 뛰어난 자선 단체들은 자신들이 어떤 성과를 이뤄냈는지 증거를 수집해요. 그러니 증거를 찾아보세요.

기부 효과를 극대화하는 방법

직접 조사를 하고 여러분이 기부한 돈을 가장 효과적으로 사용할 자선 단체를 선택했나요? 여러분의 기부를 한 단계 높은 수준으로 끌어올릴 방법이 있다는 사실을 잘 알고 있나요?

기생충 치료를 돕기 위해 SCI 재단에 100파운드를 기부하면 어떤 일이 벌어지는지 알고 있나요? 기생충 감염으로 고통받는 아이들이 학교에 갈 수 있게 되고, 그 결과 아이들이 공부할 수 있는 기간이 20년이나 늘어나요. 20년을 80년으로 늘리면 어떨까요?

100파운드 기부

= 학교 교육 20년
아프리카 사하라 사막 남쪽 지역에서 기생충을 치료하는 것은 사람들의 삶을 개선하는 데 있어 비용 대비 가장 효과적인 방법의 하나랍니다. 100파운드를 기부하면 아프리카 사람들의 생명을 살리고, 좀 더 건강하고 여유로운 삶을 선물하고, 약 20년 정도 추가로 공부하도록 도울 수 있어요.

200파운드로 늘리기 = 학교 교육 40년
여러분이 기부한 것과 같은 액수의 돈을 추가로 기부하는 프로그램을 통해 기부액을 2배로 늘릴 수 있어요. 상당수의 기업과 재단뿐 아니라 심지어 정부도 기부자가 낸 금액만큼 추가로 기부하는 프로그램을 운영해요. 영국의 빅기브(TheBigGive.org.uk)는 기부자의 기부 금액만큼 추가로 기부하는 프로그램을 홍보하고 찾아주는 전문 플랫폼이에요.

또 다시 400파운드로 늘리기 = 학교 교육 80년
기부액을 또다시 2배로 늘려보면 어떨까요? 주위 어른에게 여러분 대신 기부해 달라고 부탁하면, 어른들이 기프트에이드(Gift Aid)를 선택할 수 있어요.* 1파운드를 기부할 때마다 정부가 25페니를 추가로 내는 거죠. 더 좋은 방법도 있어요. 어른들에게 무엇을 하려는 것인지, 왜 기부를 하려는 것인지 설명해 보세요. 그런 다음 60파운드를 보탤 마음이 없는지 물어보세요. 그렇게 하다 보면 기부금이 순식간에 400파운드까지 늘어나게 돼요!

*우리나라에는 영국의 '기프트에이드'를 본따서 만든 '기부장려금제도'가 있어요.

기부 부메랑

부메랑처럼 되돌아온 기부금을 다른 누군가에게 전달할 수 있다면 어떨까요? 정말로 그럴 수 있답니다. 이것이 바로 소액 금융(microfinancing)이에요. 렌드위드케어(lendwithcare.org) 같은 플랫폼을 활용하면 개발도상국 사람들과 기업에 투자할 수 있어요. 기부를 투자로 바꾸고 사람들이 독립심을 갖고 필요한 것을 직접 찾아내도록 돕는 거죠. 이런 플랫폼을 통해 빌려준 돈은 지속가능한 기업을 세우는 데 사용되고 결국 돈을 빌린 사람이 대출금을 모두 갚은 후에도 오랫동안 사람들의 삶에 영향을 미치게 돼요. 좀 더 자세히 살펴볼까요?

필리핀의 안젤리타

- **필요한 돈:** 농기계 사업에 쓸 4천 파운드(약 700만 원).
- **사업:** 안젤리타는 오래되고 망가진 농기계를 사들여 수리한 다음 현지 농부들에게 팔았어요. 안젤리타는 2명의 아들과 가까운 곳에 사는 기계공 4명을 고용 중이에요.
- **안젤리타가 돈이 필요한 이유:** 안젤리타가 새로 세운 회사는 성장하고 있어요. 규모를 키우고 망가진 농기계를 좀 더 많이 사들이기 위한 돈이 필요해요.
- **영향:** 좀 더 많은 기계공 고용, 고철 신세를 면치 못할 상황이었던 망가진 농기계 재사용, 현지 농부들의 생산성 개선.

많은 돈을 기부하는 사람들

자신의 돈을 다른 사람에게 나눠 주는 것을 자선 활동이라고 불러요. 자선 활동을 잘하면 매우 커다란 영향을 미치게 돼요. 엄청난 돈을 기부한 세계적으로 유명한 인도주의자들에 대해 살펴볼까요?

빌 게이츠와 워런 버핏

마이크로소프트를 설립한 빌 게이츠는 지금까지 약 360억 달러를 기부했어요. 마이크로소프트가 성공 가도를 달리자 게이츠는 가난한 사람들이 좀 더 나은 삶을 살 수 있도록 직접 재단을 설립했어요. 게이츠는 막강한 영향력을 가진 재단을 만들기 위해 영향력 있는 지도자들과 협력했어요. 그중에서도 특히 자신 못지않게 성공한 인물이자 투자 회사 버크셔 해서웨이를 설립한 워런 버핏과 함께 할 때가 많았어요. 재미있게도 버핏은 항상 자신의 재산을 나눠 줄 생각이 전혀 없다고 밝혔던 사람이에요. 하지만 2006년에 마음을 바꾼 그는 300억 달러가 넘는 돈을 게이츠 재단에 기부하기로 약속했어요. 두 사람은 함께 더기빙플레지(The Giving Pledge)라는 자선 단체를 설립했고, 지금은 70개가 넘는 가문과 개인이 다른 사람을 돕기 위해 이 단체에 기부하고 있답니다.

마크 저커버그

2015년, 페이스북 설립자 마크 저커버그는 아내 프리실라 챈(Priscilla Chan)과 함께 챈 저커버그 이니셔티브(Chan Zuckerberg Initiative, CZI)를 설립한 후 두 사람의 페이스북 지분 99%를 기부한다고 밝혔어요. CZI는 과학 프로젝트와 교육 프로그램을 지원하고, 주택 문제 해결, 사법 제도 개혁, 이민 제도 개혁을 위해 노력하고 있어요. 2016년, 두 사람은 챈 저커버그 과학 프로그램을 선보였고, 이후 10년 동안 30억 달러를 투자하기로 약속했답니다. 이들의 목표는 2100년까지 모든 질병을 치료, 관리, 예방하는 거랍니다.

잠세트지 타타 (JAMSETJI TATA)

지금은 세상을 떠난 잠세트지 타타(1839~1904)는 인도 최대 기업 타타 그룹(Tata Group)을 설립한 인도의 대표 기업가예요. 타타는 생전에 인도 산업 전반에, 그중에서도 특히 철강 생산 분야에 커다란 영향을 미친 인물로 '인도 산업의 아버지'라고 널리 알려져 있어요. 상대적인 액수를 따져 보면 타타는 20~21세기를 통틀어서 세계에서 가장 기부를 많이 한 사람이랍니다. 타타가 기부한 돈을 지금의 가치로 환산하면 무려 1,020억 달러에 달해요. 게이츠와 버핏이 기부한 돈을 모두 더한 것보다 액수가 많아요. 1892년에 기부를 시작한 타타는 교육이 됐건 의료가 됐건 좋은 일을 하는 기업이나 자선 단체에 자신이 소유한 재산의 2/3를 기부하는 것을 원칙으로 삼았어요.

부자가 되는
슬기로운 7가지 법칙

이 책에는 많은 내용이 담겨 있어요. 지금쯤이면 여러분도 좀 더 많은 돈을 벌어서 지혜롭게 불리고 돈을 잘 사용해 경제적 자유와 큰 행복을 얻는 방법이 무엇인지 이해했을 거예요. 이해되지 않는 부분이 있었다면 그 부분을 다시 한번 꼼꼼히 읽어 보는 것을 추천해요. 이 책에 담긴 정보는 여러분의 재산과 건강, 행복에 도움이 되는 7개의 법칙으로 요약할 수 있어요. 바로 부자가 되는 슬기로운 7가지 법칙이지요.

부자가 되는 슬기로운 7가지 법칙

법칙 1

결코 최저 임금에 만족해서는 안 돼요

공급은 적고 수요는 많은 일자리를 찾아서 예상 수입을 최대한 늘리세요.
단, 좋아하는 일을 하세요.

직무 기술을 익히고 돈이 될 만한 자격을 갖추면 시급을 더 빨리 늘릴 수 있어요.

난 어떤 일을 좋아하지?

내 성격은 어떻지?

나는 어떤 직무 기술을 갖고 있지?

법칙 2

자신에게 딱 맞는 일자리를 찾으세요

성격에 맞는 직업을 찾으세요. 회계사의 몸에 갇혀 사는 창의적인 영혼이 돼서는 안 돼요. 대부분의 어른이 잘못된 선택을 한다는 사실을 기억하세요. 어른들은 대개 그 어떤 영감도 주지 못하는 일을 해요.

시간을 내서 자신이 진정으로 원하는 것이 무엇인지 고민하면 오랫동안 고통을 참을 필요가 없어요.
자신에게 잘 맞는 일을 찾는 것이 쉽지는 않을 거예요. 성격 검사도 하고 자원 봉사를 하며 다른 사람들이 어떻게 일을 하는지도 배워야 하거든요. 어떤 직업을 갖기 위한 훈련을 생각하고 있건 먼저 가능한 한 많은 업무 경험을 쌓으세요. 실수했다는 생각이 들면 그대로 가만히 있어서는 안 돼요. 업무 만족도를 높이고 원하는 방향으로 경력을 쌓아나가는 데 도움이 되는 일을 하세요.

오늘 주가가 2포인트 올랐군.

법칙 3

미래에도 사라지지 않을 직업을 고르세요

인공 지능과 자동화가 발전함에 따라 전통적인 일자리가 불필요해져 결국 일자리 시장이 바뀌게 될 거예요. 미래에도 사라지지 않을 일자리를 고르려면 창의적인 측면이 있는 직업에 관심을 가져야 해요. 창의력을 키우는 데 도움이 되는 몇 가지 방법을 알려 줄게요.

창의성을 발휘하세요
좋은 생각이 있으면 실현할 수 있도록 노력해 보세요. 십억 달러짜리 제품을 개발하게 될 수도 있고, 완전히 실패로 끝날 수도 있겠죠. 하지만 그건 그리 중요하지 않아요. 중요한 사실은 아이디어를 행동으로 옮겼다는 거예요. 아이디어를 실천하기 위해 노력할수록 빠르게 변화하는 미래에 성공하게 될 가능성이 커져요.

회복탄력성을 키우세요
일을 하던 중 문제가 생기면 긍정적인 부분에 초점을 맞추세요. 도망치듯 벗어나지 말고 사람들에게 솔직하게 기분을 이야기하고 도움을 요청한 다음 다시 시도해 보세요.

즐겁게 사세요
새로운 것을 탐색할 때는 호기심을 잃지 말고 두려워하지 마세요. 어떤 변화가 나타나려고 하건 정면으로 받아들이세요.

법칙 4

돈을 불리세요

여러분이 가진 돈이 여러분을 위해 일하게 만드세요. 자산을 활용해서 근로 소득과 맞먹는 수준의 돈을 벌겠다는 목표를 세워 보세요. '돈 불리기' 부분을 다시 읽어 보며 수중에 있는 돈을 이용해 돈을 불릴 최고의 방법을 찾아보세요. 가진 돈이 적더라도 항상 불릴 방법이 있답니다!

법칙 5

돈을 현명하게 쓰세요

새 자동차건 유행하는 옷이건 여러분이 사들인 물건 대부분은 여러분에게 오랫동안 행복을 주지 못해요. 들뜬 마음은 금세 사라져요.

책임감 있게 소비하는 것이 무엇보다 중요해요. 정말로 무언가를 사고 싶을 때 중요한 것은 그 물건을 살 수 있는가가 아니라 어떻게 그 물건을 살 것인가 하는 거예요. 일단 이런 식으로 생각하기 시작하면 두 가지 일이 벌어져요.

먼저, '나가는' 돈과 '들어오는' 돈을 맞춰 보게 되고 추가 지출이 필요할 경우 기꺼이 추가로 많은 일을 할 각오를 하게 돼요.

둘째, 그 결과 무언가를 사들이는 행위에 담긴 매력이 사라져요. 사람들은 대개 쉽게 갖기 힘든 것들을 갈망해요. 따라서 무엇이 됐건 원하는 걸 가질 수 있다는 사실을 알게 되면(물론 그러기 위해서 열심히 일해야겠죠) 예전처럼 절실하게 갈망하지 않게 돼요.

법칙 6

경제적 자유를 추구하세요

우리는 최신 휴대폰을 샀을 때 분비되는 도파민이 단 며칠이면 사라진다는 사실을 잘 알고 있어요. 하지만 돈이 있으면 경제적인 스트레스를 덜 받아요. 또 그런 스트레스를 받지 않으면 좀 더 행복한 삶을 살 수 있어요.

가장 중요한 사실은 돈이 있으면 자유가 생긴다는 거예요! 지긋지긋한 상사와 끔찍한 일에서 벗어날 자유. 보일러가 고장이 나더라도 수리 비용을 걱정하지 않아도 되는 자유. 자신을 정말로 행복하게 만들어 주는 일, 가령 무언가를 만들고 창조하는 일을 할 수 있는 자유. 무엇을 만들고 싶건 돈이 있으면 열정을 좇으며 살아갈 수 있어요.

법칙 7

기부 정신을 가지세요

다른 사람을 도우면 더욱 행복해지고 자신감이 커질 뿐 아니라 수명도 늘어나요!

여러분이 지지하는 활동을 찾고 가장 효과적인 자선 단체가 어디인지 조사한 다음 기부 효과를 극대화해 보세요. 돈을 주는 것이 힘들게 느껴진다면 소액 금융 플랫폼을 통해 사업 자금이 필요한 사람들에게 돈을 빌려주는 것도 좋아요. 자선 활동에 참여해 보면 자선 활동이 여러분이 살면서 해 왔던 가장 좋은 일 중 하나라는 사실을 깨닫게 될 거예요.

옮김 | 김현정

한양대학교 경영학과를 졸업한 후 삼성경제연구소에서 경제 경영 전문 번역가로 일했다. 현재는 바른번역에서 전문 번역가로 활동하고 있다. 옮긴 책으로는 『세상을 바꾼 10개의 딜』, 『경제학 오디세이』, 『돈 비 이블, 사악해진 빅테크 그 이후』, 『패턴 파괴』, 『오토노미 제2의 이동 혁명』, 『일의 99%는 피드백이다』, 『#i세대』, 『회복하는 힘』, 『아웃사이드 인 전략』, 『경제 저격수의 고백』 등이 있다.

초판 1쇄 발행 2024년 9월 25일
글 래리 헤이스, 레이철 프로베스트
그림 크리스 매든
옮김 김현정

펴낸이 도승철 | 펴낸곳 밝은미래 | 등록 2005년 5월 2일 (제105-14-87935호)
주소 경기도 파주시 회동길 349, 3층
전화 031-955-9550 | 팩스 031-955-9555
홈페이지 http://www.bmirae.com
인스타그램 @balgeunmirae1
편집 송재우 | 디자인 권영진 | 마케팅 김경훈 | 경영지원 강정희
본문 디자인 김민경

ISBN 978-89-6546-707-6 73320

※ 책값은 뒤표지에 있습니다.
※ 이 책 내용의 일부 또는 전부를 재사용하려면 반드시 저작권자와 출판사의 동의를 얻어야 합니다.
책에 대한 단순 서평 수준을 넘어서는 내용을 SNS나 사진, 영상 등으로 출판사의 동의 없이 배포하는 것은 저작권법에 저촉될 수 있습니다.

─────────────────────────────

※ 공통안전기준 표시사항
① 품명 : 도서 ② 제조자명 : 밝은미래 ③ 주소 : 경기도 파주시 회동길 349 ④ 연락처 : 031-955-9550
⑤ 최초 제조년월 : 2024년 9월 ⑥ 제조국 : 대한민국 ⑦ 사용연령 : 10세 이상